Trabalhos de amor perdidos

OBRAS DO AUTOR NA COLEÇÃO **L&PM** POCKET:

Antônio e Cleópatra – Trad. de Beatriz Viégas-Faria
Bem está o que bem acaba – Trad. de Beatriz Viégas-Faria
Comédia dos erros – Trad. de Beatriz Viégas-Faria
Hamlet – Trad. de Millôr Fernandes
Henrique V – Trad. de Beatriz Viégas-Faria
Júlio César – Trad. de Beatriz Viégas-Faria
Macbeth – Trad. de Beatriz Viégas-Faria
A megera domada – Trad. de Millôr Fernandes
As alegres matronas de Windsor – Trad. de Millôr Fernandes
Muito barulho por nada – Trad. de Beatriz Viégas-Faria
Noite de Reis – Trad. de Beatriz Viégas-Faria
Otelo – Trad. de Beatriz Viégas-Faria
Ricardo III – Trad. de Beatriz Viégas-Faria
Romeu e Julieta – Trad. de Beatriz Viégas-Faria
O rei Lear – Trad. de Millôr Fernandes
Sonho de uma noite de verão – Trad. de Beatriz Viégas-Faria
Trabalhos de amor perdidos – Trad. de Beatriz Viégas-Faria
A tempestade – Trad. de Beatriz Viégas-Faria

Shakespeare de A a Z (Livro das citações) – Edição de Sergio Faraco

William Shakespeare

Trabalhos de amor perdidos

Tradução de Beatriz Viégas-Faria

www.lpm.com.br

L&PM POCKET

Coleção **L&PM** POCKET, vol. 440

Título do original: *Love's Labour's Lost*
Edição consultada: The New Folger Library (The Folger Shakespeare Library). Eds. Barbara A. Mowat e Paul Werstine. New York: Washington Square Press, 1996.

Primeira edição na Coleção **L&PM** POCKET: outubro de 2006
Esta reimpressão: dezembro de 2007

Capa: Projeto gráfico de Néktar Design
Ilustração da capa: Óleo de Sir Lawrence Alma-Tadema *Les Bains de Caracalla*, 1850, Coleção Particular.
Revisão: Renato Deitos e Deise Mietlicki

ISBN 978-85-254-1238-6

S527t Shakespeare, William, 1564-1616.
Trabalhos de amor perdidos / William Shakespeare; tradução de Beatriz Viégas-Faria. Porto Alegre: L&PM, 2007.
136 p.; 18 cm. – (Coleção L&PM Pocket Plus)

1. Literatura inglesa-teatro-comédias-Shakespeare. I.Título. II. Série.

CDD 822.3307-8
CDU 821.111 Shak

Catalogação elaborada por Isabel A. Merlo, CRB 10/329

Rua Comendador Coruja 314, loja 9 – Floresta – 90.220-180
Porto Alegre – RS – Brasil / Fone: 51.3225.5777 – Fax: 51.3221-5380

Pedidos & Depto. Comercial: vendas@lpm.com.br
Fale conosco: info@lpm.com.br
www.lpm.com.br

Impresso no Brasil
Primavera de 2007

William Shakespeare

(1564-1616)

William Shakespeare nasceu em Stratford-upon-Avon, Inglaterra, em 23 de abril de 1564, filho de John Shakespeare e Mary Arden. John Shakespeare era um rico comerciante, além de ter ocupado vários cargos da administração da cidade. Mary Arden era oriunda de uma família cultivada. Pouco se sabe da infância e da juventude de Shakespeare, mas imagina-se que tenha freqüentado a escola primária King Edward VI, onde teria aprendido latim e literatura. Em dezembro de 1582, Shakespeare casou-se com Ann Hathaway, filha de um fazendeiro das redondezas. Tiveram três filhos.

A partir de 1552, os dados biográficos são mais abundantes. Em março, estreou no Rose Theatre de Londres uma peça chamada *Harry the Sixth*, de muito sucesso, que foi provavelmente a primeira parte de *Henry VI*. Em 1593, Shakespeare publicou seu poema *Venus and Adonis* e, no ano seguinte, o poema *The Rape of Lucrece*. Acredita-se que, nessa época, Shakespeare já era um dramaturgo (e um ator, já que os dramaturgos na sua maior parte também participavam da encenação de suas peças) de sucesso. Em 1594, após um período de poucas montagens em Londres, devido à peste, Shakespeare juntou-se à trupe de Lord Chamberlain. Os dois mais célebres dramaturgos do período, Christopher Marlowe (1564-1593) e Thomas Kyd (1558-1594), respectivamente autores de *Tamburlaine, the Jew of Malta* (*Tamburlaine, o judeu de Malta*) e *Spanish Tragedy* (*Tragédia espanhola*), morreram por esta época, e Shakespeare encontrava-se pela primeira vez sem rival.

Os teatros de madeira elisabetanos eram construções simples, a céu aberto, com um palco que se projetava à frente, em volta do qual se punha a platéia, de pé. Ao fundo, havia duas portas, pelas quais atores entravam e saíam. Acima, uma sacada, que era usada quando tornava-se necessário mostrar uma cena que se passasse em uma ambientação secundária. Não havia cenário, o que abria toda uma gama de versáteis possibilidades, já que, sem cortina, a peça começava quando entrava o primeiro ator e terminava à saída do último, e simples objetos e peças de vestuário desempenhavam importantes funções para localizar a história. As ações se passavam muito rápido. Devido à proximidade com o público, trejeitos e expressões dos atores (todos homens) podiam ser facilmente apreciados. As companhias teatrais eram formadas por dez a quinze membros e funcionavam como cooperativas: todos recebiam participações nos lucros. Escrevia-se, portanto, tendo em mente cada integrante da companhia.

Em 1594, Shakespeare já havia escrito as três partes de *Henry VI, Richard III, Titus Andronicus, The Two Gentleman of Verona* (*Dois cavalheiros de Verona*), *Love's Labour's Lost* (*Trabalhos de amor perdido*), *The Comedy of Errors* (*A comédia dos erros*) e *The Taming of the Shrew* (*A megera domada*). Em 1596, morreu o único filho homem de Shakespeare, Hamnet. Logo em seguida, ele escreveu a primeira das suas peças mais famosas, *Romeo and Juliet*, à qual seguiram-se *A Midsummer's Night Dream* (*Sonho de uma noite de verão*), *Richard II* e *The Merchant of Venice* (*O mercador de Veneza*). *Henry IV*, na qual aparece Falstaff, seu mais famoso personagem cômico, foi escrita entre 1597-1598. No Natal de 1598, a companhia construiu uma nova casa de espetáculos na margem sul do Tâmisa. Os custos foram divididos pelos diretores da companhia, entre os quais Shakespeare, que provavelmente já tinha alguma fortuna. Nascia o Globe Theatre. Também é de 1598 o reconhecimento de Shakespeare como o mais importante dramaturgo de língua inglesa: suas peças, além de atraírem milhares de espectadores para os teatros de madeira, eram impressas e vendidas sob a forma de livro – às vezes até mesmo pirateados. Seguiram-se *Henry V*, *As You Like It* (*Como gostais*), *Jules Cesar* – a primeira das suas tragédias da maturidade –, *Troilus and Cressida*, *The Merry Wives of Windsor* (*As alegres matronas de Windsor*), *Hamlet* e *Twelfth Night* (*Noite de Reis*). Shakespeare escreveu a maior parte dos papéis principais de suas tragédias para Richard Burbage, sócio e ator, que primeiro se destacou com *Richard III*.

Em março de 1603, morreu a rainha Elisabeth. A companhia havia encenado diversas peças para ela, mas seu sucessor, o rei James, contratou-a em caráter permanente, e ela tornou-se conhecida como King's Men – Homens do Rei. Eles encenaram diversas vezes na corte e prosperaram financeiramente. Seguiram-se *All's Well that Ends Well* (*Bem está o que bem acaba*) e *Measure for Measure* (*Medida por medida*) – suas comédias mais sombrias – *Othello*, *Macbeth*, *King Lear*, *Anthony and Cleopatra* e *Coriolanus*. A partir de 1601 Shakespeare escreveu menos. Em 1608, a King's Men comprou uma segunda casa de espetáculos, um teatro privado e fechado em Blackfriars. Nesses teatros privados, as peças eram encenadas em ambientes fechados, o ingresso custava mais do que nas casas públicas de espetáculos, e o público, conseqüentemente, era mais seleto. Parece ter sido nessa época que Shakespeare aposentou-se dos palcos: seu nome não aparece nas listas de atores a partir de 1607. Voltou a viver em Stratford, onde era considerado um dos mais ilustres cidadãos. Escreveu então quatro tragicomédias, subgênero que começava a ganhar espaço: *Péricles*, *Cymbeline*, *The Winter's Tale* (*Conto de inverno*) e *The Tempest* (*A tempestade*), sendo que esta última foi encenada na corte em 1611. Shakespeare morreu em Stratford em 23 de abril de 1616. Foi enterrado na parte da igreja reservada ao clero. Escreveu ao todo 38 peças, 154 sonetos e uma variedade de outros poemas. Suas peças destacam-se pela grandeza poética da linguagem, pela profundidade filosófica e pela complexa caracterização dos personagens. É considerado unanimemente um dos mais importantes autores de todos os tempos.

PERSONAGENS

O REI (ou Duque) de Navarra, também conhecido como Ferdinando

BEROWNE LONGAVILLE DUMAINE	lordes a serviço do Rei

A PRINCESA da França

ROSALINE MARIA KATHERINE	damas a serviço da Princesa

BOYET, um lorde a serviço da Princesa

ARMADO, o Garganta, também conhecido como Dom Adriano de Armado

RAPAZ, pajem de Armado, também conhecido como Cisco

JAQUENETA, a mulher

COSTARDO, o Bufão (um campônio)

FOSCO, o guarda

HOLOFERNES, o Mestre-escola

NATANIEL, o Cura

Um COUTEIRO

MONSIEUR MARCADE, um mensageiro da França

Lordes, negros, músicos

PRIMEIRO ATO

CENA I

Entram Ferdinando, o Rei de Navarra, Berowne, Longaville e Dumaine.

REI – Deixe-se que a fama, aquela a quem todos perseguem por toda a vida, viva nos altos-relevos de nossos esquifes de bronze e então venha conceder-nos sua graça na desgraça da morte, quando, apesar do tempo que a tudo devora com sua ganância, o fôlego que despendemos agora venha comprar a honra que tornará cega a sua foice, tornando-nos herdeiros de toda a eternidade. Assim sendo, meus bravos conquistadores – pois é isso mesmo o que os senhores são –, vocês que lutam contra os próprios sentimentos e contra o vasto exército de tentações do mundo, o nosso último édito será cumprido à risca. Navarra será a maravilha do mundo; nossa corte será uma pequena universidade, tranqüila e constante, contemplativa da arte de viver na arte de aprender. Vocês três, Berowne, Dumaine e Longaville, juraram por três anos viver comigo, meus colegas acadêmicos, respeitando os estatutos que se encontram aqui protocolados neste papel.

[Ergue um rolo de papel.]

Os seus juramentos vocês já fizeram, então agora assinem o documento, para que a própria mão possa dar uma rasteira na honra daquele que violar a mínima cláusula aqui inclusa. Se estão preparados para cumprir o prometido, firmem e mantenham esses seus juramentos solenes.

Longaville – Eu estou decidido. Não é mais que um jejum de três anos. A cabeça vai se banquetear, embora o corpo passe fome. As grandes panças têm cérebros magros, e os mais ricos petiscos forram as costelas mas levam à falência as faculdades mentais.

[Assina.]

Dumaine – Meu amado rei, Dumaine encontra-se devidamente mortificado. Os tipos mais brutos dos prazeres deste mundo, ele os deixa para os mais vis escravos deste mundo abrutalhado. Definho e morro para o amor, para a riqueza, para a pompa, e com os três vivo na filosofia.

[Assina.]

Berowne – Só me resta repetir as declarações solenes desses dois. No tocante a esse tanto, meu caro soberano, já prestei juramento, ou seja: ficarei morando e estudando aqui por três anos. Mas há outras cláusulas de estrita observância, como não ver mulher alguma durante esse tempo, coisa que, espero eu, não esteja escrita aí. E tirar um dia da semana para não tocar em comida e nos outros dias da semana fazer uma só refeição, coisa que, espero eu, não esteja escrita aí. E também dormir só três horas por noite e não ser visto cabeceando pelo resto do dia, coisa que, espero eu, não esteja escrita aí – isso porque estou acostumado a dormir bem, que é para não ter maus pensamentos noite adentro, e estou acostumado também a transformar metade do meu dia em noite escura. Ora, essas são obrigações desinteressantes, enfadonhas, difíceis demais de serem cumpridas: não ver mulher, estudar, jejuar, ficar acordado.

Rei – O seu juramento foi feito para você se divertir longe dessas coisas.

Berowne – Permita-me dizer não, meu soberano, por favor. Prometi apenas estudar com Vossa Graça e permanecer aqui em vossa corte pelo espaço de três anos.

Longaville – Você prometeu isso, Berowne, e todo o resto.

Berowne – Jurei e não jurei, sir. Porque jurei para zombar do ridículo desse juramento. Qual a finalidade de estudar, digam-me!

Rei – Ora, para saber tudo o que não sabemos.

Berowne – Coisas ocultas e inacessíveis ao senso comum, o senhor quer dizer.

Rei – Sim, essa é a recompensa divina para o estudo.

Berowne – Mas então vamos lá, e eu juro que estudarei assim, para saber o que me é vetado saber. Como por exemplo: vou estudar onde posso jantar quando, para conseguir jejuar, estou expressamente proibido de jantar; ou então vou estudar onde posso encontrar uma bela amante quando amantes forem algo oculto ao senso comum; ou, melhor ainda, depois de ter feito um juramento impossível de cumprir, vou estudar como posso retirar o que disse e manter a minha palavra. Se é esse o ganho do estudo, então o estudo sabe aquilo que ainda não sabe. Sobre isso eu juro, e jamais direi que não.

Rei – Esses são exatamente os obstáculos que estorvam o nosso estudo e impelem os nossos intelectos para os prazeres vãos.

Berowne – Ora, todos os prazeres são prazeres vãos, e o mais vão dos prazeres é aquele que, obtido com sofrimento, sofrimento recebe de herança. Como, por exemplo, concentrar-se dolorosamente na leitura de um livro na tentativa de encontrar a luz da verdade, enquanto a verdade nesse meio tempo traiçoeiramente cega a visão de quem lê. A luz dos olhos, ao buscar a luz, engana com luz[1] a luz verdadeira. Portanto, antes que você possa encontrar o ponto onde repousa a luz na escuridão, tudo escurece diante de seus olhos, pois você já perdeu a visão. Deixem-me estudar como agradar aos olhos, fixando o olhar sobre um olhar mais lindo, um que, por deslumbrar, concentra a atenção do primeiro olhar e a ele empresta luz, a mesma com que ele foi cegado. O estudo é como o sol glorioso do céu, que não se deixa examinar por olhos impertinentes. Os que suam arduamente debruçados sobre os livros nunca ganharam nada com isso, a não ser uma autoridade vil em cima dos livros dos outros. Esses mundanos padrinhos das luzes celestes, que dão nome a cada estrela fixa, não lucram nada com suas noites cintilantes, não mais que aqueles que vão levando a vida e nem sabem o que são estrelas. Saber muito é saber nada além da fama, e tudo quanto é padrinho sabe dar nome ao afilhado.

Rei – Como ele é versado em livros, para argumentar assim contra a leitura.

Dumaine – Procedeu muito bem para dar fim a todo e qualquer bom procedimento.

---

[1] Ao tempo de Shakespeare, acreditava-se que os olhos emitiam feixes de luz ao concentrarem o olhar em um ponto (como no caso da leitura). (N. T.)

Longaville – Ele limpa o trigal e deixa crescer o joio.

Berowne – A primavera está perto quando os gansos ainda nem bem adultos já estão procriando.

Dumaine – O que isso tem a ver?

Berowne – Cada macaco no seu galho.

Dumaine – Não faz sentido.

Berowne – Mas mistura alhos com bugalhos.

Rei – Berowne é como uma geada ruim, cortante, que vem de olhos esbugalhados queimar os primeiros rebentos da primavera.

Berowne – Digamos que sim. Mas e por que deveria o verão orgulhoso vangloriar-se antes de os passarinhos terem motivos para cantar? Por que deveria eu alegrar-me com rebentos prematuros? No inverno, em época de Natal, não quero rosas, assim como não quero uma neve novidadeira exibindo-se em maio; prefiro que cada coisa cresça a seu tempo. Então, o senhor, me faça o favor! Estudar agora é fora de hora. É como fazer questão de pular o muro para abrir o portão.

Rei – Muito bem, Berowne, fique de fora. Vá-se embora. *Adieu.*

Berowne – Não, meu bom rei, eu fiz juramento de permanecer convosco. E, embora eu tenha, por barbarismo, falado mais do que se possa dizer por ingenuidade, ainda assim, apresento-me confiante, pronto para honrar minha palavra e agüentar a penitência de cada dia desses três anos. Passe o papel. Deixe-me ler o documento, e subscrevo até o mais estrito édito.

Rei – Você capitulou, e fez bem, salvando-se a tempo da vergonha.

Berowne *[lendo]* – "Outrossim, fica aqui estipulado que mulheres devem ficar a uma distância mínima de uma milha de minha corte." Isto já saiu em proclamação?

Longaville – Faz quatro dias.

Berowne – Vejamos qual a penalidade. *[Lendo:]* "Sob pena de perderem a língua." Quem teve a idéia de uma penalidade dessas?

Longaville – Nossa, eu mesmo.

Berowne – Meu bom lorde, por quê?

Longaville – Para assustá-las com essa pavorosa punição, para que fiquem bem longe daqui.

Berowne – Uma lei perigosa contra as boas maneiras. *[Lendo:]* "Outrossim, no caso de um homem ser visto conversando com uma mulher dentro do período de três anos, ele deverá ser submetido à humilhação pública que a corte houver por bem aplicar-lhe." Esta cláusula, meu soberano, o senhor mesmo deve quebrá-la, pois muito bem sabe que nos chega em embaixada a filha do rei de França para com o senhor confabular... – uma donzela graciosa e da mais completa majestade – para com o senhor negociar a devolução da província de Aquitânia ao seu acamado pai, doente e decrépito. Assim é que esta cláusula foi escrita em vão ou em vão nos chega a admirável princesa até nós.

Rei – O que me dizem os senhores, meus lordes? Ora, mas nos esquecemos disso por completo!

Berowne – Estudar o tempo todo é nisso que dá: a vaca vai pro brejo. Enquanto estuda para ter o que deseja, esquece de fazer o que deve. E, quando finalmente tem o que mais almeja, é como conquistar cidades com incêndios: o que se ganha é o que se perde.

Rei – É forçoso que renunciemos a esta cláusula. A princesa deve hospedar-se conosco, e esta é uma necessidade imperiosa.

Berowne – Esta é uma necessidade que nos obrigará a quebrar nosso juramento três mil vezes no espaço de três anos, pois cada um nasce com suas emoções, e não se pode dominá-las por força, mas só por uma especial graça divina. Se eu desonrar minha palavra de honra, estas palavras falarão por mim: quebrei meu juramento por uma necessidade imperiosa. Subscrevo todas as cláusulas em conjunto, e quem as infringir no mínimo detalhe fica condenado à humilhação eterna. As tentações estão aí, tanto para os outros quanto para mim, mas eu acredito, apesar de parecer tão relutante, que sou o último a assinar e serei o último a manter a palavra empenhada.

[Assina.]

Mas, então, não há diversão garantida?

Rei – Claro que há. Nossa corte, como você sabe, está sempre recebendo um refinado viajante de Espanha, um homem que acompanha as novidades do bom gosto no mundo inteiro, que tem um manancial de frases feitas no cérebro, para quem a música de sua própria voz o envaidece e cativa como se fosse encantadora melodia, um homem cheio de salamaleques, a quem o certo e o errado escolheram para ser o árbitro de suas desavenças. Esta criatura, rebento de uma criação fantástica, a quem chamam de Dom Armado, nos interlúdios de nossos estudos irá relatar-nos em nobres palavras o valor de inúmeros cavaleiros que morreram por sua morena Espanha nas guerras deste nosso mundo. Como os senhores se divertem, meus lordes, isso eu não sei, mas eu, confesso que me apraz, e muito, ouvi-lo mentindo, e usarei o dito cujo para meu entretenimento.

Berowne – Dom Armado é pessoa das mais ilustres, homem de palavras novinhas em folha, o próprio defensor da elegância.

Longaville – Ele e Costardo, o campônio, podem ser nossa distração, e estudar três anos será pouco.

Entram Fosco, o guarda, com uma carta, e Costardo.

Fosco – Qual dos senhores é a própria pessoa do Duque?

Berowne – Aqui, companheiro. O que queres?

Fosco – Eu mesmo representeio a mim mesmo, porque sou o guarda-civil de Vossa Graça. Mas quero ver a própria pessoa do Duque em carne e unha.

Berowne – Esse é o Duque.

Fosco *[dirigindo-se ao Rei]* – Signior Arm…Arm… manda vossas recomendações. Tem umas canalhices acontecendo. Essa carta vai vos dizer melhor.

[Alcança a carta ao Rei.]

Costardo – Sir, o teúdo e conteúdo da missiva vos concerne a mim.

Rei – Uma carta do magnificente Armado.

Berowne – Por baixo que seja o conteúdo, Deus é grande, e teremos altas frases.

Longaville – Grandes expectativas para um firmamento tão vaziozinho! Que Deus nos conceda paciência.

Berowne – Ouvir, ou abster-se de ouvir?

Longaville – Ouvir de mansinho e rir moderadamente, *sir*, ou abster-se de todo.

Berowne – Bem, *sir*, vamos montar na alegria com arreios de muito estilo.

Costardo – A coisa é comigo, *sir*, no que me concerne a Jaqueneta. A situação é o seguinte: eu fui pego no ato.

Berowne – Qual ato, em que situação e de que modo?

Costardo – No ato e de tudo quanto é modo, *sir*, todos os três: me viram na frente dela na mansão, me viram sentado do lado dela no banco, e me viram atrás dela no parque, o que juntando tudo fica "no ato e no modo a seguir". Agora, *sir*, quanto à situação, é a situação de um homem conversando com uma mulher; quanto ao modo… é de algum modo.

Berowne – Quanto ao que o senhor chamou de "a seguir"?

Costardo – No que vos concerne a mim, é como será a minha punição a seguir, e que Deus defenda os justos.

Rei – Querem ouvir esta carta com atenção?

Berowne – Ouviremos como quem dá ouvidos a um oráculo.

Costardo – E esse é o pecado da simplicidade no homem: dar ouvidos à carne.

Rei *[lendo]* – "Mui ilustre governador, vice-regente da abóbada celeste e único governante de Navarra, deus do mundo de minh'alma, senhor protetor e provedor de meu próprio corpo…"

Costardo – Ainda nenhuma palavra sobre Costardo.

Rei *[lendo]* – "Venho por meio desta esclarecer-vos o seguinte: o caso é tal..."

Costardo – Até pode ser que o caso seja tal, mas, se ele diz que é tal, acontece que ele mesmo, no que nos concerne a ele falar a verdade, ele não é o tal.

Rei – Silêncio.

Costardo – Seja comigo ou com qualquer homem que se atreve a não lutar.

Rei – Nem mais uma palavra!

Costardo – Sobre os segredos de terceiros, eu vos peço a gentileza.

Rei *[lendo]* – "O caso é tal que, assediado por uma melancolia de tons sombrios, confiei meu negro e opressivo humor ao remédio mais salutar de vossos saudáveis ares e, como sou um cavalheiro, concentrei-me em uma boa caminhada. Quando? Por volta das seis horas, a horas essas em que as feras mais estão pastando, os passarinhos melhor estão bicando, e os homens sentam-se para aquela refeição a que chamamos de janta. Explica-se assim o quando a que tempo. Agora, quanto ao onde – onde, quer dizer: onde eu caminhava. Na vossa assim denominada reserva de caça e pesca. Depois, quanto ao exato ponto onde – isto é, o ponto em que me defrontei com a cena aviltante e obscena que veio arrancar de minha pena de ganso, branca como a neve, esta tinta da cor do ébano que o senhor aqui pode muito bem ver, enxergar, divisar e examinar. Mas, vamos àquele exato ponto: localiza-se a nor-nordeste quarta a nordeste do canto oeste de vosso jardim de intrincados desenhos geométricos e simétricos. Ali eu vi aquele campônio de baixos instintos, aquele verme vil de vossa hilaridade..."

Costardo – Eu?

Rei *[lendo]* – "aquela alma iletrada e ignorante..."

Costardo – Eu?

Rei *[lendo]* – "aquele vassalo néscio..."

Costardo – Ainda eu?

Rei *[lendo]* – "que, se não me engano, atende pelo nome de Costardo..."

Costardo – Ah, é eu mesmo!

Rei *[lendo]* – "associado e consorciado, contrariando o vosso édito proclamado e instituído, contrariando o vosso decreto em prol da continência, com – ah, com quem – com quem, porém, me é pesaroso dizer que foi com..."

Costardo – Com uma mulher.

Rei *[lendo]* – "com alguém da prole de nossa antepassada Eva, com uma fêmea, ou, em outras palavras, para vossa melhor compreensão, uma mulher. Ele, eu o mandei até vós, incitado eu por meu sempre estimado senso de dever, para que receba ele a recompensa de sua punição, por meio de vosso benquisto oficial de justiça do Rei, Antônio Fosco, homem de ótima reputação, boa postura, ilibado comportamento, enfim, um homem de honra."

Fosco – Eu, se me faz o favor. Antônio Fosco sou eu.

Rei *[lendo]* – "Quanto a Jaqueneta – assim se chama a entidade do sexo frágil, a quem eu detive junto com o acima citado campônio –, eu a mantenho sob minha guarda, como recipiente da fúria de vossa lei. Ao menor indício de uma mui bem-vinda ordem vossa, encarrego-me de levá-la a julgamento. Outrossim, assino-me vosso, com os mais altos protestos de meu devotado senso de dever e de minha ressentida indignação,

Dom Adriano de Armado."

Berowne – Isso não é exatamente o que eu estava esperando, mas é o melhor que já ouvi.

Rei – Sim, o melhor do pior. *[Dirigindo-se a Costardo:]* E então, seu Costardo, o que tem a nos dizer sobre isso tudo?

Costardo – Meu rei, eu sou culpado da mulher.

Rei – E você ouviu a proclamação?

Costardo – Eu sou muito culpado em ter ouvido, sim, mas pouco culpado em ter prestado atenção.

Rei – Foi proclamado um ano de reclusão para quem fosse pego com mulher.

Costardo – Eu não fui pego com mulher nenhuma, *sir*. Fui pego com uma moça.

Rei – Bem, a proclamação foi para "moças".

Costardo – Mas ela também não era uma moça qualquer, sir. Era uma virgem.

Berowne – Essa variação entrou no édito: ele cobre "virgens" também.

Costardo – Se é assim, eu nego a virgindade dela. Fui pego com uma donzela.

Rei – Esse "donzela" não vai lhe servir de nada, seu Costardo.

Costardo – Essa donzela vai me servir muito bem, *sir*.

Rei – Seu Costardo, a sua sentença é tal qual eu a pronuncio agora: você vai passar uma semana a pão e água.

Costardo – Prefiro rezar um mês inteiro ao lado de carnes fartas.

Rei – E Dom Armado será o seu carcereiro. Meu caro Lorde Berowne, veja com que ele seja entregue a Dom Armado. Agora vão, lordes, e ponham em prática tudo o que prometeram uns aos outros em juramento solene.

[Saem o Rei, Longaville e Dumaine.]

Berowne – Aposto o meu chapéu de nobre contra o chapéu de qualquer lavrador que esses juramentos e essas leis vão terminar virando uma piada inócua. Vamos lá, seu Costardo.

Costardo – Estou padecendo com a verdade, sir. Na verdade, fui pego com a Jaqueneta, e a Jaqueneta é uma mulher de verdade. E daí que agora tenho que comer do prato amargo da prosperidade. Um dia a aflição pode ser que venha me sorrir de novo, mas até lá... tome assento, tristeza.

[Saem.]

Cena II

Entram Armado e Cisco, seu pajem.

Armado – Rapaz, que sinal é este, quando um homem de grande espírito torna-se melancólico?

Rapaz – Um grande sinal, sir, de que ele vai parecer tristonho.

Armado – Ora, tristeza e melancolia são a mesma coisa, minha criança.

Rapaz – Não, não. Ah, milorde, não são, não, sir.

Armado – Como é que tu podes separar tristeza de melancolia, meu tenro jovem?

Rapaz – Por uma conhecida demonstração de seu funcionamento, meu velho passado.

Armado – Por que "velho passado"? Por que "velho passado"?

Rapaz – Por que "tenro jovem"? Por que "tenro jovem"?

Armado – Eu usei "tenro jovem" como um epíteto congruente, em referência à tua juventude, tua pouca idade, que podemos denominar de "tenra".

Rapaz – E eu, usei "velho passado" como um título pertinente a sua provecta idade, que podemos denominar de "passada".

Armado – Bonitinho, ele; esperto.

Rapaz – O que o senhor está querendo dizer, sir? Eu sou bonitinho e o que digo é esperto, ou eu sou esperto e o que digo é bonitinho?

Armado – Tu és bonitinho porque és pequeno.

Rapaz – Sou bonitinho porque sou pequeno; então, não sou bonito. Mas e de onde saiu o "esperto"?

Armado – O esperto saiu daí mesmo: porque tu és rápido.

Rapaz – O senhor fala isso como um elogio, amo?

Armado – Como um elogio condigno de tua pessoa.

Rapaz – Eu elogio uma enguia com o mesmo elogio.

Armado – Qual? Que uma enguia é inteligente?

Rapaz – Que uma enguia é rápida.

Armado – Eu digo que tu és rápido em tuas respostas. Me fazes ferver o sangue.

Rapaz – Já tenho minha resposta, senhor.

Armado – Eu não gosto de ser contrariado, nem mesmo quando falo com os meus tostões.

Rapaz *[à parte]* – O que ele diz é simplesmente o

contrário: contrariados, e longe dele, ficam os tostões. Ora, confundidos com botões!

Armado – Prometi estudar durante três anos com o Duque.

Rapaz – O senhor pode fazer isso em uma hora, sir.

Armado – Impossível.

Rapaz – Quanto é um contado três vezes?

Armado – A mim me falta a habilidade de fazer cálculos. É coisa que combina com o espírito de um taberneiro.

Rapaz – O senhor é um cavalheiro da nobreza, e versado em jogatina.

Armado – Sim, duplamente culpado. São as duas coisas essas o verniz de um homem completo.

Rapaz – Então tenho certeza de que o senhor sabe qual é o total da soma de um ás e de um duque no jogo de dados.

Armado – O resultado é um a mais que dois.

Rapaz – Coisa que a gentalha chama de três.

Armado – De fato.

Rapaz – Ora, sir, não é essa uma obra-prima de estudo? Temos aqui um "três" estudado antes que se possa piscar três vezes. E é fácil, colocar "anos" junto à palavra "três" e estudar "três anos" em duas palavras; isso até mesmo um cavalo amestrado pode lhe confirmar.

Armado – Um ótimo número.

Rapaz *[à parte]* – Prova que o senhor é um zero à esquerda.

Armado – Agora, vou te confessar que estou apaixonado; mas, como é coisa desprezível um soldado apaixonado, então estou apaixonado por uma mulher desprezível. Se desembainhar minha espada contra os humores da afeição pudesse me libertar dessa idéia depravada, eu tomaria como meu prisioneiro o desejo e exigiria resgate de qualquer cortesão francês em troca de uma nova mesura, recém-inventada. Acho um nojo essa coisa de ficar suspirando pelos cantos. A mim me parece que eu devia xingar e renegar Cupido. Consola-me, rapaz: que grandes homens já estiveram apaixonados?

Rapaz – Hércules, meu amo.

Armado – Grande Hércules! Mais autoridades, meu rapaz, vamos lá, mais nomes. E mais: minha amada criança, que sejam homens de boa reputação, de boas maneiras.

Rapaz – Sansão, meu amo. Foi um homem de boas maneiras, de ótima postura aliás, pois carregou nas costas os portões da cidade, como um estivador, e ele estava apaixonado.

Armado – Ah, Sansão, troncudo e pernudo Sansão, de braços fortes. Eu te supero com meu florete tanto quanto tu me superaste ao carregar portões. Também sou um homem apaixonado. Quem foi o amor de Sansão, meu caro Cisco?

Rapaz – Uma mulher, meu amo.

Armado – De que compleição?

Rapaz – De todas as quatro, ou três, ou duas, ou de uma das quatro.

Armado – Me diz de que compleição exatamente, de que cor a sua tez.

RAPAZ – Verde da cor do mar, sir.

ARMADO – E essa é uma das quatro compleições?

RAPAZ – Conforme eu li, sim, senhor, e também a melhor delas.

ARMADO – Verde é verdadeiramente a cor dos amantes jovens, anêmicos. Mas, ter um amor dessa cor? A mim me parece que Sansão pouco motivo tinha para tal escolha. Com certeza apaixonou-se por ela porque era mulher inteligente.

RAPAZ – Foi isso mesmo, sir: era mulher de uma inteligência ainda verde.

ARMADO – O meu amor é imaculadamente branco e vermelho.

RAPAZ – Os pensamentos de maior mácula, meu amo, costumam disfarçar-se com essas cores.

ARMADO – Define isso, define, meu mui instruído rapaz.

RAPAZ – Inteligência de meu pai e língua de minha mãe, ajudai-me!

ARMADO – Que doce invocação de uma criança, tão bonita e tão comovente.

RAPAZ –

Se ela é feita de brancos e vermelhos,
Seus pecados nós jamais saberemos.
O corar das faces nasce dos erros,
E na pálida tez se vêem os medos.
Então, se ela tem medo ou se tem culpa,
Pela tez o senhor não vai saber.
Se o rosto é sempre em vermelho e branco,
É que a natureza assim o fez.

Uma rima aviltante, meu amo, que argumenta contra o uso de vermelhos e brancos.

Armado – Não existe uma balada, rapaz, sobre "O rei e a mendiga"?

Rapaz – O mundo tinha muita vergonha dessa balada umas três gerações atrás, e acho que agora ninguém mais sabe cantá-la; mesmo que fosse conhecida, nem a letra nem a melodia servem.

Armado – Vou pedir a alguém que escreva sobre esse assunto de novo, para que eu possa justificar minha transgressão com algum poderoso precedente. Rapaz, eu amo essa camponesa que peguei no parque com aquele pastrano que raciocina, o Costardo. Ela bem que merece coisa melhor.

Rapaz *[à parte]* – Merece ser chicoteada,[2] isso sim – mas merece amante melhor que o meu amo.

Armado – Canta alguma coisa, rapaz. A paixão deixa minha alma pesada e minha vida difícil.

Rapaz *[à parte]* – Mas e não é um espanto? Pois... se está amando mulher de alma leve e vida fácil!

Armado – Eu mandei cantar.

Rapaz – Controle-se, sir, até que tenham ido embora esses que vêm vindo aí.

Entram Costardo, o bufão, Fosco, o guarda, e Jaqueneta, a mulher.

Fosco *[dirigindo-se a Armado]* – Senhor, é do gosto do Duque que o senhor mantenha Costardo sob sua guarda, e o senhor deve agüentar que ele não sinta nenhum prazer e não sinta nenhuma dor, porque ele tem que jejuar três dias em uma semana. Quanto a

[2] Vagabundos e prostitutas eram chicoteados à época de Shakespeare. (N. T.)

esta senhorita, eu devo ver que ela fique no parque. Ela pode trabalhar como leiteira. Passar bem.

Armado *[à parte]* – Esse calor nas bochechas já vai me entregando. – Moça!

Jaqueneta – Senhor?

Armado – Vou visitá-la no alojamento do parque.

Jaqueneta – É aqui bem pertinho.

Armado – Eu sei onde fica situado.

Jaqueneta – Senhor lorde, como o senhor sabe das coisas.

Armado – Posso te contar maravilhas.

Jaqueneta – Com essa cara?!!

Armado – Eu te amo.

Jaqueneta – Se o senhor está dizendo…

Armado – Então, até logo, e passe bem.

Jaqueneta – Que os bons ventos o acompanhem.

Fosco – Vamos, Jaqueneta, embora.

[Saem Fosco e Jaqueneta.]

Armado *[dirigindo-se a Costardo]* – Patife, vais jejuar por teus crimes antes de receberes o teu perdão.

Costardo – Bem, sir, espero, quando fizer isso, fazer isso com a cara e a coragem e de barriga cheia.

Armado – Teu castigo será bastante pesado.

Costardo – Assim fico mais ligado ao senhor que aos seus criados, pois a paga deles é bastante leve.

Armado *[dirigindo-se ao rapaz]* – Leva daqui esse patife. Faz ele calar a boca.

Rapaz – Venha, seu escravo transgressor, embora daqui.

Costardo *[dirigindo-se a Armado]* – Não me tranque num lugar, sir. Palavra que, ficando solto, eu vou jejuar.

Rapaz – Não mesmo, que isso tudo é palavra solta em conversa mole. O senhor vai é para trás das grades.

Costardo – Pois muito bem. Se algum dia eu puder de novo ver os dias alegres de desolação que conheço, tem gente que vai ver uma coisa.

Rapaz – E essa gente vai ver o quê?

Costardo – Não, nada, Mestre Cisco, nada mais do que essa gente estiver enxergando. Não é próprio dos prisioneiros ficar quieto nas suas palavras, e, portanto, vou ficar no meu reservado. Dou graças a Deus que tenho tão pouca paciência quanto qualquer outro homem e, portanto, posso ficar de boca fechada.

[Saem Costardo e o rapaz.]

Armado – Afeiçoo-me ao próprio chão (olha que coisa mais vulgar) onde os sapatos dela pisam (muito vulgares), levados por seus pés (mais vulgares ainda). Se estou apaixonado, estarei quebrando o meu juramento (uma grande prova de falsidade). E como pode ser verdadeiro o amor que se quer obter com base na falsidade? O amor é um espírito maligno, o amor é o demônio. Só existe um único anjo diabólico: o amor. E veja-se que Sansão ficou por ele tentado, e Sansão tinha uma força formidável; e veja-se que Salomão ficou por ele seduzido, e Salomão era homem para lá de inteligente. A flecha de Cupido é demais para a clava de Hércules e, portanto, leva grande vantagem sobre o florete de um espanhol. Não tenho razão alguma para duelar com Cupido; ele não respeita estocadas, e as regras do duelo… ele nem mesmo as leva em consideração. O que o desgraça é ser chamado de “menino”, mas sua glória está em subjugar os homens. Adeus, coragem; pode enferrujar meu florete; quieto, tambor, que o seu dono está amando. Sim, ele está amando. Ajudai-me, algum deus dos versos extemporâneos: acho que vou criar um poema de amor. Concebe, cérebro; escreve, pena; estou a ponto de produzir soneto em cima de soneto.

[Sai.]

SEGUNDO ATO

Cena I

Entram a Princesa de França, com três damas de companhia (Rosaline, Maria e Katherine), Boyet e outros lordes.

Boyet – Agora, madame, invoque os seus espíritos mais queridos, considere quem o Rei seu pai está enviando, a quem ele está enviando, e qual é a embaixada. A senhorita mesma, tida por todos em alta e preciosa estima, para negociar com o herdeiro universal de todas as perfeições que um homem pode ter, o inigualável rei de Navarra; a reivindicação não é menos importante que no caso de Aquitânia, dote digno de uma rainha. Mostre-se agora pródiga em toda a sua meiga graciosidade, tanto quanto a Natureza foi pródiga em tornar rara a graciosidade quando dela privou o resto do mundo e prodigamente outorgou-lhe toda a graciosidade que há.

Princesa – Meu bom Lorde Boyet, embora a minha não seja uma beleza comum, ela não precisa dos floreios coloridos dos seus elogios. A beleza tem seu valor fixado pelo olhar que a julga, e não anunciado pela propaganda vil que está na boca dos mercadores. Sinto-me menos orgulhosa em ouvi-lo contar o meu valor do que o senhor pudesse sentir-se desejoso de ser considerado sábio em gastar sua inteligência com elogios à minha. Mas, agora, tarefas a quem impõe tarefas: meu caro Boyet, o senhor não ignora os boatos ebulientes na boca de todos no estrangeiro, dando conta de que Navarra prestou juramento: até que se cumpram três anos de penosos estudos, não é permitido a nenhuma mulher aproximar-se de sua silencosa corte. Portanto, parece-nos obrigatório, antes de passarmos por seus portões proibidos, saber quais são as ordens do Duque; tendo elas em vista, e na certeza de seu mérito, nós escolhemos o senhor para nosso representante mais persuasivo e justo. Diga a ele que a filha do Rei de França, em uma grave missão que requer despacho urgente, está requisitando audiência privada com Sua Graça. O senhor se apresse e transmita o nosso pedido enquanto aguardamos a decisão do Duque na condição de humilde peticionária.

Boyet – Orgulhoso de ser assim designado, vou incumbir-me de minha tarefa com a maior boa vontade.

Princesa – Todo orgulho é orgulho com a maior boa vontade, e o seu também.

[Sai Boyet.]

Quem são os juradores, meus estimados lordes, que prestaram juramento juntamente com esse virtuoso Duque?

Um Lorde – Lorde Longaville é um deles.

Princesa – E o senhor conhece o homem?

Maria – Eu o conheço, madame. Na festa do casamento de Lorde Perigort com a belíssima herdeira de Jaques Falconbridge, celebrado na Normandia, eu vi esse tal de Longaville. Um homem de qualidades nobres (dizem que ele é), grande conhecedor das artes e conhecido por glórias em batalhas. Mal se propõe a fazer algo e já é bom naquilo, seja o que for. A única mancha no brilho de suas imaculadas virtudes, se é que o brilho de virtudes embaça com alguma mancha, é uma inteligência aguçada que se combina com uma vontade cega, tornando-se afiada, cortante, desejosa de estar sempre com vontade de não poupar ninguém que se acerque de sua esperteza.

Princesa – Provavelmente um homem que se diverte em zombar dos outros. É isso?

Maria – É o que dizem, de longe a maioria dos que conhecem de perto a maioria de seus humores.

Princesa – Inteligências assim têm vida curta: fenecem com a maturidade. Quem são os outros?

Katherine – O jovem Dumaine, um rapaz dotado de belas qualidades, e por suas virtudes amado por todos que amam a virtude. Esse tem grande poder para fazer o mal, pois mal conhece a maldade. Ele tem inteligência suficiente para passar por bonito se fosse feio, e tem uma figura bonita o suficiente para atrair simpatias se fosse antipático. Eu o conheci na casa do Duque de Alençon, e foi muito pouco o que eu conheci dele, visto que tem tanto dele para se conhecer – foi o que concluí, dado o seu grande valor.

Rosaline – Outro desses estudantes estava com ele àquela época, se não me engano; um que se chama Berowne, um homem alegrão, piadista, mas que não chegava a ponto de se deixar ser ele mesmo motivo de piada, e com quem por sinal nunca consegui conversar por uma hora inteira. Nele, os olhos criam a deixa para o espírito brilhar, pois o olho vê o objeto, e o humor transforma-o em assunto de brincadeira que, em sua bela língua, clarim de sua inteligência, traduz-se em palavras tão hábeis e tão elegantes que os ouvidos de mais idade deixam de lado a sisudez para ouvir suas histórias, e os ouvidos mais novinhos deixam-se arrebatar por completo, pois é muito docemente que flui o discurso desse homem.

Princesa – Que Deus abençoe as minhas damas de companhia! Estão todas apaixonadas, que enfeitam, uma a uma, com adornos assim ornamentados de elogios cada um desses homens?

Um Lorde – Aí vem Boyet.

Entra Boyet.

Princesa – E agora? Tenho permissão para entrar, meu lorde?

Boyet – Navarra ficou sabendo de sua formosa chegada, e tanto ele quanto seus companheiros de juramento estavam preparados para recebê-la, Princesa, antes de eu me fazer anunciar. Enfim, este tanto eu fiquei sabendo: ele pretende acomodá-la do lado de fora do palácio, como alguém que lhe viesse sitiar a corte, em vez de tentar desobrigar-se de seu juramento e hospedá-la naquela casa dele, de criadagem escassa.

Entram o Rei de Navarra, Longaville, Dumaine e Berowne.

Aí vem Navarra.

Rei – Minha linda Princesa, bem-vinda à corte de Navarra.

Princesa – Com "meu lindo" posso retribuir-lhe o "minha linda", mas ainda não me sinto "bem-vinda". A abóbada desta corte é elevada demais para ser sua, e essas boas-vindas em um terreno aberto ao ar livre são muito rasteiras para serem minhas.

Rei – A senhorita é bem-vinda em minha corte e nela será recebida, madame.

Princesa – Então sim, eu me sentirei bem-vinda. O senhor pode me levar até lá.

Rei – Escute-me, cara dama. Eu fiz um juramento.

Princesa – Que Nossa Senhora ajude o senhor meu lorde! Ele vai quebrar um juramento.

Rei – Por nada neste mundo, minha formosa dama; dou-lhe a minha palavra.

Princesa – Ora, é a sua palavra que vai quebrar o juramento; a sua palavra e nada mais que a sua palavra.

Rei – Vossa Graça ignora qual seja o juramento.

Princesa – Ignorasse o senhor meu lorde, e sua ignorância seria sábia, enquanto agora o fato de sabê-lo deve mostrar-se ignorante. Ouvi dizer que Vossa Alteza jurou abdicar de sua hospitalidade. É pecado mortal manter esse juramento, milorde, e é pecado quebrar um juramento. Mas, perdoe-me, é impetuoso de minha parte tanta ousadia. Não condiz comigo, ensinar o padre a rezar missa. Queira o senhor dignar-se a ler o propósito de minha vinda, e então o senhor pode decidir de pronto qual sua resposta a essa petição.

[Alcança-lhe um papel.]

Rei – Madame, assim eu o farei, se assim eu puder decidir.

Princesa – O senhor assim o fará, pois assim eu fico logo liberada para voltar à França, pois, se eu fico, o senhor fica perjuro.

[Eles vão caminhando e se afastam dos outros enquanto o Rei lê o papel.]

BEROWNE *[dirigindo-se a Rosaline]* – Por um acaso não dancei com a senhorita uma vez em Brabant?

ROSALINE *[dirigindo-se a Berowne]* – Por um acaso não dancei com o senhor uma vez em Brabant?

BEROWNE – Eu sei que sim.

ROSALINE – Então não precisava ter perguntado.

BEROWNE – A senhorita não devia ser tão pavio-curto.

ROSALINE – Isso é porque o senhor me inflama com esse tipo de pergunta.

BEROWNE – A senhorita é muito esquentada em seu juízo, e suas respostas, de tão rápidas, vão cansar.

ROSALINE – Mas não antes de elas acabarem com o fôlego de quem sopra as perguntas.

BEROWNE – Que horas são?

ROSALINE – Hora dos bobalhões perguntarem as horas.

BEROWNE – Bem, desejo boa sorte para a sua máscara.

ROSALINE – Boa sorte para o rosto que ela cobre.

BEROWNE – Que lhe traga muitos amores.

ROSALINE – Amém, posto que nenhum deles seja o senhor.

BEROWNE – Certamente não, posto que meu desejo é ir embora.

REI *[adiantando-se com a Princesa]* – Madame, o senhor seu pai por meio desta vem declarar o pagamento de cem mil coroas, sendo essa soma tão-somente a metade do total desembolsado por meu pai nas guerras de seu pai. Mas digamos que meu pai ou que nós tenhamos recebido essa soma, coisa que não aconteceu, ainda assim ficam por pagar as outras cem mil coroas e, como garantia, um pedaço de Aquitânia é nosso, muito embora o valor dessas terras seja inferior ao valor devido. Se, por outro lado, o Rei seu pai deseja restituir-nos aquela metade da dívida que não foi paga, nós abriremos mão de nossos direitos sobre Aquitânia e declaramos vigente nossa bela amizade com Sua Majestade o senhor seu pai. Mas isso, ao que parece, não está no escopo das intenções dele, pois aqui ele pretende haver devolvido cem mil coroas e não pretende, contra o pagamento de cem mil coroas, preservar o seu título em Aquitânia – coisa que nós de bom grado entregaríamos, pois preferimos reaver o dinheiro que nosso pai emprestou a ter Aquitânia, carente como ela está de seu rei. Minha cara Princesa, não estivesse o pedido de seu pai tão distante do razoavelmente admissível, a sua bela pessoa poderia em meu coração ser admitida de modo nada razoável e voltar à França bem satisfeita.

Princesa – O senhor calunia o Rei meu pai e insulta a reputação de seu próprio nome quando grosseiramente deixa de acusar recebimento daquilo que lhe foi pago de boa-fé.

Rei – Afirmo-lhe solenemente que nunca ouvi falar desse pagamento. Se a senhorita puder prová-lo, eu devolvo esse dinheiro, ou então entrego Aquitânia.

Princesa – Tomamos a sua palavra como garantia. Boyet, o senhor pode mostrar a Navarra as declarações de quitação desse valor com as assinaturas de destacados oficiais do Rei Charles, pai do nosso Duque aqui.

Rei – Sim, por favor, satisfaça a minha curiosidade, convença-me.

Boyet – Desculpai-me Vossa Graça, mas o pacote que traz juntos esse e outros documentos especiais não chegou. Amanhã o senhor terá acesso a eles.

Rei – Será o bastante, e nesse próximo encontro saberei ceder a todo e qualquer argumento razoável. Neste meio tempo, receba as boas-vindas que estão ao meu alcance oferecer-lhe com máxima honra (sem faltar com minha honra empenhada) e que lhe façam jus. A senhorita não pode, minha linda princesa, adentrar os meus portões, mas aqui do lado de fora será tão bem atendida que pensará que está acomodada em meu coração, muito embora lhe seja negado pouso em minha casa. Que possam os seus bons pensamentos perdoar-me, e agora eu me despeço. Amanhã viremos visitá-la novamente.

Princesa – Que a vida de Vossa Graça seja sempre muito boa e saudável.

Rei – Faço de seus votos para mim os meus para si, em todos os momentos e em todos os lugares.

[Sai o Rei com Dumaine, Longaville e Serviçais.]

Berowne *[dirigindo-se a Rosaline]* – Lady, vou recomendar ao meu coração lembrar sempre da senhorita.

Rosaline – Eu lhe peço, por favor, mande a ele minhas recomendações. Eu gostaria de conhecê-lo.

Berowne – Eu gostaria que pudesse ouvi-lo gemer.

Rosaline – Por quê? Ele está dodói?

Berowne – Sofre do coração.

Rosaline – Ora, aplique uma sangria.

Berowne – Isso lhe fará bem?

Rosaline – Meu lado médico diz que sim.

Berowne – E você o fará sangrar com os seus olhos?

Rosaline – Não uso óleo; vou direto ao ponto com a ponta do meu punhal.

Berowne – Que Deus a proteja nesta vida.

Rosaline – E que Deus o proteja de uma vida longa.

Berowne – Não posso ficar para lhe agradecer os votos.

[Sai.]

Entra Dumaine.

Dumaine *[dirigindo-se a Boyet]* – Sir, eu lhe peço, uma palavrinha. Quem é aquela dama?

Boyet – A herdeira de Alençon, Katherine.

Dumaine – Esplêndida dama, muito fina. Passar bem, *monsieur*.

[Sai.]

Entra Longaville.

Longaville *[dirigindo-se a Boyet]* – Me faz favor, uma palavrinha. Quem é aquela de branco?

Boyet – Uma mulher às vezes, se o senhor a visse na luz.

Longaville – Talvez seja luz na luz, e o branco não passa de ilusão. Posso ter o nome dela?

Boyet – Ela só tem um, e é dela. É uma vergonha que o senhor queira ter o nome dela.

Longaville – Por favor, sir: é filha de quem?

Boyet – Da mãe dela, foi o que me disseram.

Longaville – Que Deus se encarregue dos fios da sua barba!

Boyet – Mas, meu senhor, não se ofenda! Ela é herdeira dos Falconbridge.

LONGAVILLE – Pois bem, minha cólera já se foi. Ela é uma dulcíssima dama.

BOYET – Não duvido, senhor. Pode ser que sim.

[Longaville sai.]

Entra Berowne.

BEROWNE *[dirigindo-se a Boyet]* – Qual o nome daquela de boina?

BOYET – Rosaline, senhor.

BEROWNE – Casada?

BOYET – Casada com as próprias vontades, sir, ou melhor: com a vontade própria.

BEROWNE – Seja bem-vindo, senhor. Adeus.

BOYET – Adeus para mim, senhor, e seja bem-vindo para partir.

[Berowne sai.]

MARIA – Esse último é Berowne, o lorde alegre e excêntrico. Dele não sai palavra que não seja piada.

BOYET – E as piadas dele não são mais que palavras.

PRINCESA – O senhor fez muito bem em tomá-lo pela palavra.

BOYET – Eu estava tão concentrado em tomá-lo quanto ele em abordar-me pela palavra.

KATHERINE – Dois bodes se enfrentando, então.

BOYET – E por que não dois botes? Dois navios de guerra? Não, não somos dois bodes, minha ovelhinha, a não ser que possamos pastar nos seus lábios.

KATHERINE – Vocês bodes, eu pastora. Agora podemos encerrar a piada por aqui?

BOYET – Desde que você me dê pastagem.

[Tenta beijá-la.]

Katherine – Nem pensar, seu animal de estirpe. Meus lábios não são capim, e são propriedade privada.

Boyet – E pertencem a quem?

Katherine – A mim e ao meu destino.

Princesa – Põe-se duas inteligências juntas, e elas se põem a discutir. Ora, vamos, vocês, bem-nascidos que são, cheguem a um acordo. Essa guerra civil de espertezas estaria melhor empregada contra Navarra e seus pupilos, pois aqui do lado de fora não nos serve para nada.

Boyet – Se a minha capacidade de observação, que muito raramente se engana, não me decepcionou, quanto à retórica muda do coração, aquela que só os olhos revelam, Navarra deixou-se infectar.

Princesa – Com o quê?

Boyet – Com aquilo que os enamorados chamamos de "paixão".

Princesa – E por que razão o senhor pensa assim?

Boyet – Ora, todos os gestos dele recolheram-se para a quadra do olhar, espiando que ficaram através do desejo, e o coração, como uma pedra preciosa que se orgulha de ter nela gravado o seu rosto, minha Princesa, traz esse orgulho expresso no olhar. Mas nele a língua, impaciente por falar, e também por não enxergar, tropeçou com a pressa na visão de seus olhos. Todos os sentidos então migraram para esse único sentido, para sentir apenas o prazer de olhar a mais bela das belas. A mim me pareceu que todos os sentidos dele estavam aprisionados no olhar, como jóias em caixa de cristal esperando que alguém da realeza as compre, e que, ao oferecerem seu valor desde onde estão envidraçadas, quiseram chamar a sua atenção, minha Princesa – para que as compre enquanto está de passagem. O entorno dos olhos de Navarra falavam de maravilhas tais que os olhos de todos viram os olhos dele encantados com o que viam. Eu lhe entrego Aquitânia, minha Princesa, e tudo o mais que é dele, se você me fizer uma coisa: beije-o, uma única vez, amorosamente.

Princesa *[dirigindo-se a suas damas de companhia]* – Vamos, para o nosso pavilhão. Boyet está bem disposto hoje.

Boyet – Sim, para colocar em palavras o que os olhos dele revelaram. Não fiz mais que emprestar uma boca ao olhar do Duque e dar a esta uma língua que eu sei que não mente.

Maria – Tu és um velho contrabandista do amor, e sabes falar com maestria.

Katherine – Ele fica sabendo das novidades por intermédio do netinho – o Cupido.

Rosaline – Então Vênus saiu à mãe, porque o pai é um susto de tão feio.

Boyet – Vocês estão me escutando, suas doidas?

Maria – Não.

Boyet – O que, então, vocês estão vendo?

Maria – Ora, o caminho que vamos tomar para ir embora.

Boyet – Vocês são mulheres muito duras para mim.

TERCEIRO ATO

Cena I

Entram o Garganta (Dom Adriano de Armado) e seu rapaz.

Armado – Podes gorjear, menino. Deixa plena de ternura a minha audição.

Rapaz *[cantando]* – "Concolinel..."

Armado – Doce melodia. Vai, meu jovem tão tão jovem. *[Alcança ao rapaz uma chave.]* Pega esta chave, solta o campônio, traz ele aqui, sem demora. Preciso dele para mandar uma carta ao meu amor.

Rapaz – Mestre, o senhor vai conquistar o seu amor com os passos inflamados da corte francesa?

Armado – O que é que tu estás me dizendo? Eu estava com os pés inflamados na França?

Rapaz – Não, meu perfeito mestre. Estou dizendo cantar com ginga uma canção que esteja na ponta da língua, dançar a jiga como se fosse uma canária, levar a música nos pés, fazer graça revirando os olhos, suspirar uma nota e cantar outra, às vezes com a garganta, como se estivesse engolindo o amor porque está cantando o amor, às vezes com o nariz, como se estivesse aspirando o amor porque está sentindo o perfume do amor no ar; com o seu chapéu puxado sobre os olhos como alpendre sobre porta; com os braços cruzados sobre a barriga elegante no gibão ajustado em seu corpo esbelto, como lebre no espeto; ou com as mãos no bolso, como um homem numa pintura antiga; e não se demore muito em uma única canção: é só um pouquinho de uma, um pouquinho de outra, e toque adiante. Umas são expressões cheias de cerimônias; outras são cheias de caprichos; e tem as que seduzem as mulheres que fingem timidez e que iriam se deixar seduzir de qualquer jeito e que fazem, dos mais apaixonados, homens dignos de nota – o senhor está tomando nota?

Armado – Como adquiriste essa experiência?

Rapaz – Com alguns níqueis de observação.

Armado – Mas então... Mas então...

Rapaz – "Como todo garanhão, o lascivo está perdido."

Armado – Estás chamando o meu amor de lascivo?

Rapaz – Não, mestre. O lascivo é um qualquer, um garanhão. *[À parte:]* E o seu amor talvez seja uma égua de aluguel. – Mas o senhor não está se esquecendo da sua amada?

Armado – Quase que me esqueço.

Rapaz – Que aluno negligente. O senhor tem que decorar sua amada.

Armado – Quero sabê-la de cor e salteado dentro do meu coração, rapaz.

Rapaz – E fora dele também, mestre. Posso provar todos os três.

Armado – O que é que tu vais provar?

Rapaz – Que sou homem, se eu viver bastante. E, agora, esse "de cor e salteado, dentro e fora". De cor e salteado o senhor sabe como é a figura dela, porque a ama, e o seu coração não consegue vê-la passar sem notá-la; dentro de seu coração o senhor a ama, porque seu coração por ela está tomado; e fora do coração o senhor também a ama, pois fica fora de si pensando que não pode tê-la.

Armado – Sou todos os três.

Rapaz – E três vezes mais! *[À parte:]* E, ainda assim, nadinha de nada.

Armado – Me traz aqui o campônio. Ele precisa entregar uma carta para mim.

Rapaz – Uma mensagem bem arranjada: o cavalo será embaixador do burro.

Armado – Hã? O que foi? O que foi que tu disseste?

Rapaz – Nada, senhor, só que o senhor devia mandar o burro em cima do cavalo, porque ele tem a andadura muito lenta. Mas o senhor pode deixar que eu vou.

Armado – Daqui até ali é rapidinho. Vai de uma vez!

Rapaz – Rápido como chumbo, sir.

Armado – O que tu queres dizer com isso, espertinho? O chumbo não é um metal pesado, inerte e lerdo?

Rapaz – De jeito nenhum, mestre.

Armado – Eu digo que o chumbo é lerdo.

Rapaz – O senhor é rápido demais, sir, em dizer tal coisa. O chumbo disparado de uma arma é lerdo?

Armado – A doce fumaça da retórica! Ele pensa que sou um canhão, e ele, a bala – a bala é ele. Eu vou te disparar até o campônio.

Rapaz – Então é *bang*, e eu saio na disparada.

[Sai.]

Armado – Um moçoilo muito perspicaz, fluente na fala e sem graça aos montes. Com vossa permissão, doce firmamento, preciso suspirar face a vós. Melancolia inclemente, a coragem te cede lugar. Meu arauto já voltou.

Entram o rapaz e o Bufão (Costardo).

Rapaz – Maravilha das maravilhas, mestre! Aqui temos um costado de canela quebrada.

Armado – Uma incógnita, uma charada. Digna de uma nota de rodapé! Salve! Vem comigo, que preciso de ti para despachar uma nota.

Costardo – Nada de cógnita, nada de charada, nem despacho, sir. Ah, sir, cataplasma, um simples cataplasma! Nada de despacho e, sem despacho, pode ser com sálvia mesmo, sir, porque eu não sei despachar nota de rodapé.

Armado – Minha nossa, tu me obrigas a dar risada... as tuas idéias ridículas... o meu baço[3] sacode de tanta gargalhada. Meu pulmão infla e me põe um sorriso idiota na boca. Ah, perdoai-me, estrelas deste meu céu! Será que o desinatencioso aqui pensa que "salve" é sálvia e "nota de rodapé" é a nota que preciso despachar desde o rés do chão?

Rapaz – Os letrados pensam que não? "Nota de rodapé" não é o que o senhor quer despachar?

Armado – Não, meu pajem de página; ela é um epílogo, um discurso para esclarecer uma precedência obscura que já foi dita antes. Eu exemplifico com uma fábula ilustrativa:

---

[3] O baço, à época de Shakespeare, era tido como o órgão onde se originavam tanto a alegria como a raiva. (N. T.)

A raposa, a abelha e o macaco
Por serem sempre três
Andavam estremunhados
Cada um o ímpar da vez

Essa é a moral da história. Agora, vamos tratar de despachar a nota.

Rapaz – Quero contribuir para o despacho. Repita, sir, a fábula.

Armado –

A raposa, a abelha e o macaco
Por serem sempre três
Andavam estremunhados
Cada um o ímpar da vez

Rapaz –

Até que o ganso veio animado
E, fim de briga: ele era o quarto
E fez dois pares daqueles três

Agora quero eu começar a sua fábula, e o senhor dá seguimento com o seu despacho.

A raposa, a abelha e o macaco
Por serem sempre três
Andavam estremunhados
Cada um o ímpar da vez

Armado –

Até que o ganso veio animado
E, fim de briga: ele era o quarto
E fez dois pares daqueles três

Rapaz – Uma boa nota para despachar, terminando com um gancho. O senhor poderia desejar mais que isso?

Costardo – Esse rapaz fez ele cair como um patinho. Fisgou ele direitinho com o gancho do ganso. Sir, esse gancho é dos bons... se o ganso é bem gordo. Para fisgar um pato direitinho precisa molejo; é como largar palavra solta em conversa mole. Deixa eu ver: um despacho bem robusto e fofo... claro, é um ganso gordo.

ARMADO – Vem cá, olha aqui, como foi mesmo que começou esta conversa?

RAPAZ – Quando se disse que um costado estava de canela quebrada. Depois o senhor disse que precisava despachar uma nota.

COSTARDO – É verdade, e eu disse que precisava de um cataplasma. Foi aí que entrou a sua argumentação. Depois, o despacho gordo do rapaz aqui, o ganso que o senhor pegou pelo gancho; e foi assim que a gente chegou os três mais o ganso a caminho do fogão.

ARMADO – Mas, me diz aqui: como é que se explica o costado quebrado numa canela?

RAPAZ – Eu vou lhe contar nos detalhes, sir, bem devagarinho.

COSTARDO – Tu não sabe a história, Cisco. Deixa que eu conto o despacho da nota.

Eu, Costardo, estava bem seguro dentro...
mas corri para fora;
Quebrei a canela porque tropecei...
na soleira da porta.

ARMADO – Não se fala mais dessa matéria.

COSTARDO –

Matéria purulenta se juntou em...
minha canela torta.

ARMADO – Seu Costardo, eu vou te alforriar, vou franquiar a tua saída daqui.

Costardo – Franguear? Ah, minha nossa, que depois de me deixar a pão e água quer me entupir de frango? Vai as tripas me afrouxar.

Armado – Pela alma da minha mãe, o que estou dizendo é que vou te pôr em liberdade, te libertando. Porque agora tu estás preso, trancado, e eu vou te permitir evacuar o recinto.

Costardo – Está certo, é verdade. E agora o senhor quer ser o meu laxante, e soltar a minha barriga.

Armado – Eu te dou a tua liberdade, eu te transfiro para fora do teu encarceramento e, no lugar disso, imponho sobre tua pessoa nada além disto: leva este símbolo para a camponesa Jaqueneta. *[Entrega-lhe um papel.]* Tem remuneração *[entregando-lhe uma moeda]*, pois a melhor proteção de minha honra está em recompensar os meus criados. – Cisco, me acompanha.

[Sai.]

Rapaz – Dando continuidade, eu. *Signior* Costardo, adeus.

[Sai.]

Costardo – É um pedaço de homem, esse aí: fino. Minha jóia cara, minha bóia rara! Agora deixa eu ver esta renumeração dele. *[Examina a moeda.]* "Renumeração!" Ah, deve ser a palavra chique para dizer três cobres. Três cobres, renumeração. "Qual é o preço desta fita de linho?" "Um centavo." "Não, eu vou lhe dar uma renumeração." Ora, essa ganha de todas. Renumeração! Ora, é nome mais lindo que "uma coroa". Daqui pra frente, só compro e só vendo com essa palavra.

Entra Berowne.

Berowne – Meu bom Costardo, seu patife, que boa surpresa, encontrá-lo aqui.

Costardo – Por obséquio, sir, quanto de fita vermelha um homem pode comprar com uma renumeração?

Berowne – O que é uma renumeração?

Costardo – Mas, nossa, senhor, é três cobres.

Berowne – Então, ora bolas, três cobres de seda.

Costardo – Eu lhe fico grato, Excelência. Que Deus lhe acompanhe.

[Vai saindo.]

Berowne – Espera aí, meu camaradinha, que preciso dos teus serviços. Se queres cair nas minhas boas graças, meu bom homem, faz para mim o que vou te pedir.

Costardo – O senhor precisa disso para quando?

Berowne – Hoje de tarde.

Costardo – Muito bem, eu faço, sir. Passar bem.

Berowne – Mas você ainda não sabe o que é.

Costardo – Vou saber, sir, quando tiver feito.

Berowne – Ora, seu roceiro tratante, tu tens que saber primeiro.

Costardo – Eu procuro Sua Excelência amanhã de manhã.

Berowne – Tem de ser feito hoje de tarde. Escuta, meu camaradinha, é só isto: a Princesa deve vir caçar aqui no parque, e em seu séquito há uma nobre dama. Quando as línguas falam com doçura, elas pronunciam o seu nome e a chamam de Rosaline. Pergunta por ela, e à sua branca mão vê que tu confies este assunto privado aqui. E aqui tens o teu galardão. *[Entrega-lhe dinheiro.]* Vai.

COSTARDO – Lagartão. *[Examina o dinheiro.]* Ah, doce lagartão! Melhor que renumeração, onze cobres melhor! Um mais-que-doce lagartão! Vou fazer, sir, faço sim, e nos trinques. Lagartão! Renumeração!

[Sai.]

BEROWNE – E eu aqui, um mais-que-apaixonado bobalhão. Logo eu, que tanto chicoteei o Cupido; eu, o guarda sempre pronto a deter um suspiro de amor; um censor; não, mais que isso, um vigilante noturno; um mestre-escola, aquele que gosta de subjugar aquele menino rechonchudo, aquele a quem nenhum mortal se compara, tão arrogantemente ambicioso ele é. Esse menino de olhos vendados, choramingas, totalmente cego, de gênio instável, esse Júnior sênior, esse anão gigante, esse Dom Cupido, maestro das rimas de amor, um senhor de braços cruzados, o soberano ungido dos suspiros e dos gemidos, suserano de todos os vagabundos e insatisfeitos, temível príncipe das anáguas, rei dos enchimentos das braguilhas, único imperador e sumo general dos oficiais que trazem os adúlteros perante a corte eclesiástica... Ah, meu frágil coração! E eu, agora soldado raso em seu exército, portando o seu estandarte como se fosse um acróbata com suas argolas! Mas, o quê? Estou amando, estou cortejando, estou atrás de uma esposa? Uma mulher que é como um relógio alemão, sempre no conserto, sempre marcando a hora errada, nunca funcionando direito... mas é preciso dar corda, porque um dia pode funcionar direito. Quebrar um juramento é que é o pior de tudo. E, entre três, amar a pior de todas, uma respondona branquela e sem graça com uma pele de veludo com duas bolas de piche grudadas na cara em vez de olhos. Sim, e, pelos céus, uma que vai fazer o que tem de ser feito, ainda que Árgus[4] com toda a sua centena de olhos fosse seu eunuco e seu vigia. E eu a suspirar por ela, perdendo o meu sono por ela, rezando por ela! Que inferno! É uma praga que Cupido me impõe por haver menosprezado o seu todo-poderoso pavoroso pequeno poder. Pois bem, eu vou amar, escrever poesia, escrever bilhetinhos, suspirar, rezar, cortejar, gemer. Alguns homens amam a sua adorável dama, enquanto outros se contentam com qualquer Joana.

[Sai.]

---

[4] Criatura mitológica de cem olhos. (N. T.)

QUARTO ATO

Cena I

Entram a Princesa, um Couteiro, as damas de companhia, Boyet e os outros Lordes a serviço da Princesa.

Princesa – Aquele era o Rei, o que esporeou seu cavalo com tanta violência, forçando o bicho a subir um morro tão íngreme?

Couteiro – Não sei, mas daqui me parece que não.

Princesa – Quem quer que seja, provou que tem cabeça para ascender sempre. – Bem, meus lordes, hoje seremos avisados de que a nossa missão está concluída. Antes de sábado já estaremos retornando à França. – Assim sendo, senhor couteiro, meu amigo, onde está a moita onde devemos ficar de tocaia e fazer as vezes de assassino?

Couteiro – Aqui pertinho, logo passando aquela touceira, um lugar de onde a senhorita, uma beleza de boa pontaria, pode acertar o alvo.

Princesa – Agradeço pela "beleza"; sim, sou bela e sei manejar arco e flecha e, portanto, o senhor me fala de "uma beleza de boa pontaria".

Couteiro – Perdoe-me, madame, não foi isso que eu quis dizer.

PRINCESA – Mas, como assim? Primeiro me elogia, depois diz que não? Ah, vaidade de vida curta. Não sou bela? Ai de mim, és o inimigo.

COUTEIRO – Mas sim, a senhorita é bela.

PRINCESA – Não, não, não, nada de me elogiar agora. Onde a beleza não está, os elogios não têm como remendar o rosto. Aqui, meu bom espelho, tome isto por ter me dito a verdade.

[Entrega-lhe dinheiro.]

Um belo pagamento por frases feias é algo mais que merecido.

COUTEIRO – Tudo que é seu, senhorita, é belo e não tem como ser diferente.

PRINCESA – Está vendo? Está vendo? Minha beleza fica então garantida por meus atos. Ah, que heresia[5] sobre a beleza, tão própria dos dias de hoje! A mão que doa, mesmo suja, recebe belos elogios. Mas, vamos lá, o arco. *[O Couteiro entrega-lhe arco e flecha.]* Agora a piedade prepara-se para matar, e acertar o alvo é considerado maldade. Assim é que vou salvar minha reputação nesta pontaria: sem causar ferimento, é porque a compaixão não me permitiu; ferindo, então foi para mostrar minha habilidade, que teve a intenção de matar mais para colher elogios que para pegar uma presa. E, por vezes, nem se questiona que seja assim: a glória carrega a culpa de crimes odiosos quando, pela fama, por elogios, por uma parcela externa, curva-se

---

[5] Os protestantes (ou seja, a Inglaterra de Shakespeare) viam como herética a crença católica de que se garante a salvação da alma por atos de bondade – enquanto que, para os protestantes, a alma salva-se pela fé. (N. T.)

diante dela o funcionamento de nosso coração. Como eu, que, só pelos elogios, quero agora derramar o sangue de um pobre cervo a quem meu coração não deseja o mal.

Boyet – Não são as esposas megeras que afirmam essa mesma supremacia (para não desmentir a fama), quando lutam por ser amas e senhoras de seus amos e senhores?

Princesa – Para não desmentir a fama. E fama e elogios nós devemos conferir a toda e qualquer senhora que subjuga o senhor seu marido.

Entra o Bufão (Costardo).

Boyet – Aí vem um membro da comunidade.

Costardo – Que Deus lhes dê a todos uma boa tarde. Por favor, qual das damas é a maioral aqui?

Princesa – Tu vais reconhecê-la, homem, vendo que o resto delas é minoral.

Costardo – Quem é a dama-mor, a que está acima das outras?

Princesa – É a maior de todas, e a mais alta.

Costardo – Maior e mais alta; de fato, o que é verdade é verdadeiro. Se a sua cintura, senhorita, fosse tão estreita quanto minha inteligência, a cinta de qualquer uma desses damas aqui serviria em sua cintura. A senhorita não é a mulher principal? É a maior de todas aqui.

Princesa – O que o senhor deseja? O que deseja?

Costardo – Tenho uma carta para uma Lady Rosaline, de *Monsieur* Berowne.

Princesa – Ah, a carta, a carta! Ele é um amigo meu. Deixe-me passar, meu bom mensageiro. – Boyet, pegue o trinchante. Pode abrir este bicho.

Boyet *[pegando a carta]* – Minha missão é servir. Esta carta foi entregue por engano; não diz respeito a ninguém aqui presente. Está escrita para Jaquenata.

Princesa – Igual, vamos ler a carta. Pode trinchar o lacre. Prestem atenção, todos.

Boyet *[lendo]* – "Pelos céus, que tu és bela e isto é infalível, e é verdade que tu és bonita, tanto é verdade que tu és adorável. Mais linda que linda, mais bonita que bonitinha, mais verdadeira que a própria verdade, tem comiseração de teu heróico vassalo. O magnânimo e ilustradíssimo Rei Cofétua botou os olhos sobre a mendiga inquestionada e penuriosa Zenelofon; e foi ele quem provavelmente pode ter muito possivelmente dito *Veni, vidi, vici*,[6] o que se anatomiza no latim vulgar (ah, vil e obscuro latim vulgar!), isto é, em outras palavras: Ele veio, vê, e sobrevém: ele veio, um; vê, dois; sobrevém, três. Quem veio? O Rei. Por que ele veio? Para ver. Por que ele vê? Para sobrevir. Para quem ele veio? Para a mendiga. O que ele viu? A mendiga. E a quem ele sobreveio? A mendiga. A conclusão é vitória. Do lado de quem? Da mendiga. A seqüência grave são as núpcias. Do lado de quem? Do Rei – não, dos dois em um, ou de um nos dois. Eu sou o Rei, pois esta é a comparação; tu és a mendiga, pois assim o testemunha a tua inferioridade. Devo inspirar o teu amor? Eu poderia. Devo pedir o teu amor? Eu poderia. Devo exigir o teu amor? Eu o farei. O que tu podes pedir em troca de trapos? Vestidos finos. Em troca de quase nada? Um título. Em troca de tua pessoa? A minha pessoa. Outrossim, esperando tua resposta, pro-

6 "Vim, vi e venci" – frase de Júlio César. (N. T.)

fano meus lábios em teu pé, meus olhos em tua imagem e meu coração em todas as tuas partes.

"Teu, na mais alta intenção de assídua honestidade,

Dom Adriano de Armado."

O leão de Neméia rugindo já podes ouvir.
Tu és a presa, ovelhinha, e ele vem contra ti.
Diante das majestosas patas tu cais, submissa,
E ele esquece a pilhagem e brinca, brinca e brinca.
Mas, se tu te debates, pobre alma, o que é do teu perfil?
Alimento da raiva dele, repasto em seu covil.

Princesa – Que espécie de penosa é este que redigiu essa carta? Que tipo de cata-vento é ele? Quem é essa biruta? Já ouviram coisa melhor que isso?

Boyet – Se não estou enganado, lembro bem desse estilo em degraus.

Princesa – Ou então estás com a memória fraca, pois acabaste de galgar essas linhas.

Boyet – Esse Armado é um espanhol que está morando aqui na corte, um excêntrico (faz lembrar um italiano que vivia em Londres e se intitulava imperador do mundo), e serve de diversão ao Príncipe e seus colegas de estudos.

Princesa *[dirigindo-se a Costardo]* – Tu, meu amigo, uma palavrinha, me faz favor. Quem te entregou essa carta?

Costardo – Eu já lhe disse: o meu Lorde.

Princesa – E deverias entregá-la para quem?

Costardo – Do meu Lorde para a minha Lady.

Princesa – De que Lorde para que Lady?

Costardo – Do meu Lorde Berowne, um bom amo que tenho, para uma Lady da França que ele chamou de Rosaline.

Princesa – Tu te atrapalhaste com a carta dele. Vamos, senhores, embora daqui. *[Dirigindo-se a Rosaline:]* Tome aqui, minha querida, guarde isto. A sua vez vai chegar, mas outro dia.

[A Princesa, Katherine, os Lordes e o Couteiro saem.

Boyet, Rosaline, Maria e Costardo permanecem.]

Boyet – Quem é o arqueiro? De quem é a flecha de Cupido?

Rosaline – Acha que vou lhe dizer?

Boyet – Sim, minha garrafinha de beleza.

Rosaline – Simples: aquela que empunha o arco. O senhor está inteiramente dispensado.

Boyet – A minha Princesa dispõe-se a matar bichos de chifres, mas, se tu casares, que me pendurem pelo pescoço se no ano de tuas bodas não houver homem chifrudo. Estou me colocando inteiramente ao teu lado.

Rosaline – Pois então, muito bem: sou eu quem está manejando o arco.

Boyet – E quem é o teu alvo amado?

Rosaline – Se escolhermos pelos chifres, o senhor não consegue nem chegar perto de mim. Quanto mais do meu lado! Até parece!

Maria – Você sempre puxa briga com ela, Boyet, e ela sempre lhe mete um na testa.

Boyet – Mas ela própria foi atingida mais embaixo. Será que consegui eu meter um agora?

Rosaline – Será que vou ter de te atacar com um velho ditado que já era homem quando o Rei Pepino da França era ainda menino? Ditado que fala em meter um?

Boyet – Estou pronto para responder com uma velha rima, que já era mulher quando a Rainha Guinevere da Bretanha era ainda menina. Rima que fala em ser metida.

Rosaline *[cantando]* –

Você não consegue, não agüenta, não pode,
Não consegue meter um, meu velho bode.

Boyet *[cantando]* –

Se eu não consigo, não consigo e não consigo,
Não há de faltar quem possa contigo.

[Rosaline sai.]

Costardo – Dou minha palavra, que bonito! Como vocês os dois fizeram a coisa encaixar direitinho!

Maria – Um alvo atingido com precisão, pois meteram um todos os dois.

Boyet – Um alvo! Ah, um alvo atraindo a mira do equipamento. "Um alvo", disse a dama. Pois deixe que o alvo seja de fácil acesso, que fique à mão do atirador.

Maria – Essa pegou longe do alvo! De fato, a sua mão está sem prática, assim como a sua pontaria.

Costardo – É verdade. Ele precisa atirar mais de perto, se não, nunca vai acertar a flechada.

Boyet *[dirigindo-se a Maria]* – Se a minha mão está sem prática, muito possivelmente a sua está bem exercitada.

Costardo – Então ela vai ter mais pontos, porque vai rachar em dois o pino acertando bem na mosca.

Maria – Vamos, pare com isso, você usa frases indecentes. Sua boca fica cada vez mais suja.

Costardo *[dirigindo-se a Boyet]* – Ela é dura demais para o senhor na mira, sir. O senhor pode desafiá-la a jogar boliche de gramado.

Boyet – Tenho medo de que possa haver muito atrito para as bolas. Boa noite, minha corujinha.

[Saem Boyet e Maria.]

Costardo – Por minha alma de campônio, de simples aldeão. Senhor, meu senhor, como as damas e eu acabamos com o senhor. Palavra de honra que as piadas mais delicadas, a esperteza mais fina e vulgar, quando não agradam de um jeito assim tão suave, tão obsceno, é como se tivesse dado certo. Dom Armado, de um lado, ah, que homem mais elegante! Ver ele se apresentando diante de uma dama e ainda segurando o leque dela. Ver ele beijar a mão dela e com que delicadeza dizer palavrões. E o pajem dele então, do outro lado, uma pilha de esperteza! Ah, que esse é piolho bem metido.

[Grita para quem está fora do palco.]

Olá! Ei, olá!

[Sai.]

Cena II

Entram Fosco (o Guarda), Holofernes (o Mestre-escola) e Nataniel (o Cura).

Nataniel – Diversão que muito inspira reverência, realmente, e praticada com a aprovação de uma consciência correta.

Holofernes – O cervo estava, como os senhores bem sabem, *sanguis*: pleno sangue correndo-lhe nas veias, maduro como uma pêra que agora pende como jóia na orelha do *caelo*: o céu, o firmamento, o paraíso, para logo cair como carne de *cancer*: caranguejo, siri, lagostim, sobre a face da terra.

Nataniel – Realmente, Mestre Holofernes, os epítetos foram requintadamente diversificados, como faria um erudito, para dizer o mínimo. Mas, sir, eu lhe asseguro: era um gamo de uns cinco anos, pondo a primeira galhada.

Holofernes – Senhor Nataniel, *haud credo*.

Fosco – Nem credo nem cruz. Era um veado de no máximo dois anos.

Holofernes – Mas que pronunciamento selvagem! E, no entanto, não deixa de ser uma espécie de introdução, por assim dizer *in via*: a título de explicação; *facere*, por assim dizer, resposta, ou melhor, *ostentare*: mostrar, por assim dizer, a disposição dele, em função de sua natureza deselegante, incivilizada, desadornado, não adestrado, ou melhor, iletrado, ou melhor, ignorante, inserindo aqui novamente o meu *haud credo* para um cervo.

Fosco – Eu disse, o cervo não precisa nem credo nem cruz, era um veadinho de uns dois anos.

Holofernes – Que simploriedade duplamente escaldada: *bis coctus*! Ah, monstruosa ignorância, vós pareceis deveras deformada!

Nataniel – Sir, ele nunca se nutriu dos acepipes que se criam em livros. Ele não comeu papel, por assim dizer; nem bebeu tinta. Seu intelecto carece de acabamento. Ele é tão-somente um animal, atento apenas a suas partes mais brutas. E esses vegetais estéreis colocam-se diante de nós para que sejamos agradecidos – como, de fato, somos, nós que cultivamos o bom gosto e os bons sentimentos –, agradecidos pelas partes que frutificam em nós mais que nele. Assim como ficaria mal em mim ser fútil, indiscreto ou ingênuo, também seria uma nódoa para o ensino ver um sujeito desses na escola. Mas, *omne bene*,[7] e isto é o que tenho a dizer, tendo eu a cabeça de um eclesiástico dos tempos de Jesus: embora detestemos os ventos, agüentamos o mau tempo.

Fosco – Os senhores são dois homens lidos. Podem me dizer, com a sua sabiência, o que é que tinha um mês de idade quando nasceu Caim e ainda hoje não tem cinco semanas?

Holofernes – Diana, seu Fosco, Diana.

Fosco – Ora, mas o que é da Ana?

Nataniel – Diana. É um outro nome para a Lua.

Holofernes – A lua tinha um mês quando Adão tinha isso também; e não chegou a ter cinco semanas quando ele fez cem anos. Troquei Caim por Adão, mas, igual, é a mesma referência.

---

[7] Em latim, "tudo está bem". (N. T.)

Fosco – É verdade. A preferência é a mesma mesmo na troca.

Holofernes – Que Deus te ilumine o bestunto! Eu disse que a referência é a mesma com a troca.

Fosco – E eu digo que a deferência é a mesma na troca, porque a lua nunca é mais velha que um mês. E eu digo, além disso, que foi um veadinho de dois anos que a Princesa matou.

Holofernes – Sir Nataniel, o senhor deseja ouvir um epitáfio extemporâneo sobre a morte do cervo? Para agradar ao ignorante, chamo o cervo que a Princesa matou de veado.

Nataniel – Avante, meu bom Mestre Holofernes, avante, pois é do seu agrado acabar com as indecências da linguagem.

Holofernes – Desejo criar alguns efeitos com as palavras, pois isso mostra domínio das letras. A preciosa princesa, com pau pontiagudo em perfeita pontaria, perfurou sua presa: um veado verdadeiramente verde em anos. (Que digam alguns que é um gamo; não brigamos por gangrenosos enganos.) Gritaram os cachorros. Ao chão veio o veadinho. As pessoas, pasmas, plantadas nos próprios pés, aplaudem. A princesa cessa de usar as setas: um só cervo já serve.

Nataniel – Um raro talento.

Fosco *[à parte]* – Se o talento fosse uma baba, olha só como este baba com talento nos ovos daquele.

Holofernes – É um dom que eu tenho, simples, simples. Um espírito extraordinariamente extravagante, cheio de formas, figuras, frases, objetos, idéias, noções, concepções, impulsos, reflexões. Tudo concebido no ventrículo da memória, gestado no ventre da pia-máter e parido sobre o amadurecer da ocasião. Mas esse dom só é bom naqueles que o têm muito acurado, e eu sou grato por isso.

NATANIEL – Sir, agradeço a Deus por você, e também os meus paroquianos, pois os filhos deles estão em boas mãos, e as filhas deles muito saem ganhando em abrirem-se para você. O senhor é um bom membro da comunidade.

HOLOFERNES – Se o filhos são inteligentes, não vão querer instrução; se as filhas têm um jeitinho para a coisa, eu ponho estudo[8] nelas. Mas *vir sapis qui pauca loquitur*: quem é sábio fala pouco. E a alma feminina nos saúda.

Entram Jaqueneta e o Bufão (Costardo).

JAQUENETA *[dirigindo-se a Nataniel]* – Que Deus lhe dê um bom dia, seu Revervendo.

HOLOFERNES – Seu Revervendo. Isso é quase ver revendo. E, se alguém precisa ser visto e revisto e revisado, quem é?

COSTARDO – Mas ora, seu Mestre-escola, o que parece mais burro e tapado. Tapado como tábua de tonel.

HOLOFERNES – Tapado, tábua, tonel! Que tanto de talento num torrão de terra! É calmaria demais para águas profundas, é pérola demais para os porcos. É bonito, e está bem.

JAQUENETA *[dirigindo-se a Nataniel]* – Meu bom senhor seu Revervendo, por favor me faça o gentil

[8] O termo "estudo" deve ser pronunciado como "isso tudo". (N. T.)

obseco[9] de me ler esta carta. Quem me deu ela foi o Costardo, e quem mandou foi Dom Armado. Eu peço ao senhor, lê pra mim.

[Entrega um papel a Nataniel.]

HOLOFERNES – *Facile precor gelida quando peccas omnia sub umbra*, isto é: "Naturalmente eu rezo quando você confunde tudo na sombra fresca". Ah, meu velho manual de latim: posso falar de ti como o viajante que fala de Veneza:

Venetia, Venetia,
Chi non ti vede, non ti pretia.

Isto é: "Veneza, Veneza, quem não te viu não pode falar de tua beleza". Ah, meu velho manual de latim! *[Canta.]* Dó, ré, sol, lá, mi, fá. *[Dirigindo-se a Nataniel:]* Com sua licença, sir, qual o teor da carta? Ou melhor, como Horácio diz em sua... *[Olhando a carta:]* O quê? Por minha alma, versos?

NATANIEL – Sim, senhor, e bastante cultivados.

HOLOFERNES – Deixe-me ouvir uma estrofe, uma estância, uns versos. *Lege, domine*: leia, senhor.

NATANIEL *[lendo]* –

Se o amor me faz perjuro, como jurar amor?
Provar-me-ei fiel a ti; de mim, sou um traidor.
Não há como ser fiel sem ser fiel à beleza;
Rígidas idéias ganham, por ti, tanta leveza!
O aluno esquece a aula e nos teus olhos vai ler
Os prazeres que os mestres não podem abranger.
Se a meta é o saber, conhecer-te é o bastante,
Elogios a ti pedem erudição gigante.

[9] "Obseco" é a pronúncia de Jaqueneta para "obséquio". (N. T.)

Ignorante, aquela alma que te vê sem encanto;
Elogio para mim, que te admiro tanto.
Teus olhos têm faíscas, tua voz tem um trovão;
Livres de qualquer ira, são luz doce e canção.
Perdoe a transgressão, madame celestial:
Eu, mundano, cantando virtudes de missal.
O aluno quer o estudo só dos teus olhos, linda,
Pois neles há prazeres não ensinados ainda.

Holofernes – Você ignora as marcas de elisão e perde o ritmo da coisa. Deixe-me dar uma vista d'olhos nessa cançoneta. *[Toma o papel.]* Aqui temos apenas versos corretos quanto à métrica, mas, nas questões de elegância, fluência e cadência dourada da poesia… *caret*: omite-se. Ovídio Naso, este sim, era o homem para conseguir isso. E, afinal, por que "Naso" se não para sentir o aroma das flores da imaginação, dos momentos de criatividade? *Imitari* não significa nada. O cachorro faz isso com seu dono, o macaco com quem lhe cuida, o cavalo cansado com quem o monta. – Mas, senhorita donzela, isto foi endereçado a você?

Jaqueneta – Sim, senhor, por um tal *Monsieur* Berowne, um dos lordes estrangeiros da rainha.

Holofernes – Vou passar os olhos no cabeçalho: "Para as opalinas mãos da belíssima Lady Rosaline". Vou examinar de novo o significado da carta quanto à denominação da parte signatária para a pessoa a quem se destina: "Colocando à disposição de Sua Senhoria os meus préstimos, subscrevo-me, sempre seu, Berowne". Sir Nataniel, esse Berowne é um dos colegas de juramento do Rei, e aqui ele redigiu uma carta para uma acompanhante da rainha estrangeira – que, por acidente, ou para ser a ela entregue, foi entregue por engano. *[Dirigindo-se a Jaqueneta:]* Não anda, mas corre, mimosa. Entrega este papel nas reais mãos do Rei. Pode ser de suma importância. Nem te demora em despedidas. Eu te libero das saudações. Adeus.

Jaqueneta – Meu bom Costardo, vem comigo. – Sir, que Deus lhe guarde.

Costardo – Eu vou contigo, moça.

[Saem Costardo e Jaqueneta.]

Nataniel – Sir, o senhor tomou essa atitude por temer a Deus do modo mais religioso que há; e, como disse um certo eclesiástico dos tempos de Jesus...

Holofernes – Sir, não me fale desse eclesiástico. Amedrontam-me os falsos pretextos. Mas, retomando os versos: são do seu agrado, sir Nataniel?

Nataniel – Linhas maravilhosamente bem articuladas.

Holofernes – Eu janto esta noite na casa do pai de um aluno meu, onde, antes do repasto, se o senhor quiser fazer-nos o favor de gratificar-nos à mesa com uma bênção, eu, com o privilégio a mim atribuído pelos pais desse meu mencionado pupilo, estarei me incumbindo do seu *ben venuto*; onde também estarei provando que aqueles versos são bastante incultos e que não têm nem o frescor da poesia, nem o aroma da inteligência, nem o sabor da imaginação. Peço-lhe que me faça companhia.

Nataniel – E eu lhe agradeço, pois socializar em boa companhia, como diz o texto, é a alegria da vida.

Holofernes – E com certeza o texto chega infalivelmente a essa conclusão. *[Dirigindo-se a Fosco:]* O senhor também está convidado. E não aceito um não como resposta. *Pauca verba*: quanto menos palavras, melhor. Vamos andando! A nobreza diverte-se caçando, e nós vamos para a nossa recreação.

[Saem.]

Cena III

Entra Berowne sozinho, com um papel na mão.

Berowne – O Rei, ele está caçando cervos. Eu estou querendo atirar em mim mesmo. Eles armaram uma armadilha para a presa. Eu estou enredado, num buraco escuro que denigre o meu nome. Denegrir! Palavra escura. Bem, "aquieta-te, tristeza" – isto, dizem, foi o que disse o bobo, e também digo eu, o que faz de mim um bobalhão. Minha inteligência argumenta e conclui. Por Deus, este amor é tresloucado como Ajax.[10] Ele mata carneirinhos, e ele me mata, o que faz de mim um carneirinho. Bem argumentado, de novo, a meu favor. Não amarei. Se eu amar, enforquem-me. De verdade, eu não amarei. Ah, mas os olhos dela! Por esta luz que me ilumina, se não fossem os olhos dela, eu não estava apaixonado. Sim, se não fossem aqueles dois olhos. Bem, o que faço no mundo é estar por aí, e as mentiras estão por aí, na minha goela. Pelos céus, eu estou amando, e o amor me ensinou a rimar e a ser melancólico. E aqui está parte de minhas rimas, e aqui, minha melancolia. Bem, ela já está com um dos meus poemas. O bufão levou, o bobalhão enviou, e a

---

[10] O grande guerreiro grego Ajax, depois que enlouqueceu, atacava ovelhas, acreditando que fossem o inimigo. (N. T.)

dama agora o tem. Querido bufão, querido bobalhão, queridíssima dama. Por tudo neste mundo, eu não me importava nem um pouquinho, se os outros três estivessem assim. Aí vem vindo um, com um papel. Que Deus o ajude a falar e gemer.

[Afasta-se.]

O Rei entra, com um papel na mão.

Rei – Ai de mim!

Berowne *[à parte]* – Flechado, sim! Pelos céus! Avante, meu doce Cupido. Vós o golpeastes com flecha de ponta cega do lado esquerdo do peito. Realmente! Quantos segredos!

Rei *[lendo]* –

Tão docemente nem o sol sabe beijar
Na rosa o seu frescor orvalhado
Como quando incide em mim esse teu olhar
Na noite, no meu rosto sulcado.
Nem o prateado da lua sabe brilhar
Nas águas claras da natureza
Como em minhas lágrimas o teu cintilar;
Nelas está a tua maior beleza.
E as lágrimas são carruagens a te levar;
Anda em triunfo na minha dor,
Olha as lágrimas em mim a se avolumar,
Revelando tua glória ao Senhor.
Mas, se amas a ti mesma, me fazes chorar,
Pois de espelho servem estas lágrimas.
Minha rainha, tu sabes te superar:
Gaguejo e não penso. Que lástima!

Como pode ela saber de meu sofrimento? Vou deixar para lá este papel. Doces folhas, abriguem na sombra esta minha insensatez. Quem é este que vem chegando?

Entra Longaville, e traz papéis consigo.

O Rei afasta-se para um lado.

Ora, é Longaville, e está lendo! Sim, meu ouvido, vamos escutá-lo.

Berowne *[à parte]* – À semelhança do Rei, eis mais um bobalhão que aparece!

Longaville – Ai de mim, que quebrei o juramento.

Berowne *[à parte]* – Ora, ora, que este já chega como um perjuro, os papéis anunciando sua condição.[11]

Rei *[à parte]* – Mais um apaixonado; tomara! É bom estar acompanhado na vergonha.

Berowne *[à parte]* – Todo bêbado gosta de seus colegas de copo.

Longaville – Será que sou o primeiro que quebrou o juramento?

Berowne *[à parte]* – Eu poderia te consolar; tem dois que eu conheço e que chegaram primeiro. Tu só fazes completar o triunvirato, o chapéu de três pontas de nossa sociedade, o cadafalso triangular do amor, onde se enforca a ingenuidade.

Longaville – Meu medo é que esses versos não sejam fluentes e nem tenham força bastante para comover. *[Lê:]* "Ah, doce Maria, imperadora do meu amor..." Estes aqui eu vou pôr fora; melhor escrevê-los em verso.

[Rasga o papel.]

Berowne *[à parte]* – Ah, rimas são os enfeites dos calções do Cupido, esse grande piadista. Que ninguém desarrume a braguilha ornamentada do menino cego!

---

[11] Perjuros declarados estavam condenados a carregar os papéis que descreviam sua transgressão. (N. T.)

Longaville *[pegando outro papel]* – Este aqui deve servir. *[Lê o poema:]*

Penso que a celestial retórica de teu olhar,
Que argumento nenhum consegue contrariar,
Persuadiu a cometer perjúrio o meu coração.
Quebrar promessa por ti tem que ter perdão.
Jurei não ver mulher, mas posso provar que te olhar,
Sendo tu uma deusa, não é perjurar;
Meu juramento foi mundano, mas tu és divina.
Ganhar teu afeto é dádiva que ilumina.
Palavras são mero vapor; jurar é soprar no ar.
Tu, estrela solar, aqueces o meu mundo
E podes fazer esse juramento evaporar.
Se perjurei, não me culpes nem um segundo.
Que louco não cometeria a bela sensatez
De perjurar para ir ao paraíso uma vez?

Berowne *[à parte]* – Esse é o estilo do coração flechado, que faz da carne uma divindade. Para um pato, uma patinha nova é uma deusa. Pura idolatria. Deus que nos ajude, Deus que nos ajude. Estamos com os pés completamente fora do chão.

Longaville – Por quem eu poderia mandar isto? – Ora, tenho companhia? Preciso esperar.

[Afasta-se.]

Entra Dumaine, com um papel na mão.

Berowne *[à parte]* – "Vou contar até cem e, depois... Lá vou eu!" – crianças brincando de esconder. E eu aqui, como um semideus, sentado no céu, observando com máxima atenção os segredos desses deploráveis bobalhões. Aí vem mais farinha para o saco. Ah, céus, tenho o meu desejo atendido. Agora é Dumaine metamorfoseado! Quatro patos na panela.

Dumaine – Ah, minha divina Kate!

Berowne *[à parte]* – Ah, meu profano presunçoso!

Dumaine – Pelos céus, ela é a maravilha das maravilhas diante de olhos mortais!

Berowne *[à parte]* – Pela terra em que pisamos, ela não é espírito, mas é carne. Aí você se engana, amigo.

Dumaine – Seu cabelo cor de âmbar deixa o próprio âmbar com uma cor sem graça.

Berowne *[à parte]* – Um corvo cor de âmbar, dá para ver que é sem graça.

Dumaine – Ereta como o cedro.

Berowne *[à parte]* – Curve-se às evidências, amigo: é o ombro dela que está inchado.

Dumaine – Gloriosa como a luz do dia.

Berowne *[à parte]* – Sim, em alguns dias: naqueles em que o sol não brilha.

Dumaine – Ah, se o meu desejo fosse atendido!

Longaville *[à parte]* – E o meu também!

Rei *[à parte]* – E o meu desejo, meu bom Deus!

Berowne *[à parte]* – Amém, que foi atendido o meu desejo. Que bela palavra, essa!

Dumaine – Meu desejo era esquecê-la, mas como febre ela corre imperiosa no meu sangue e se faz lembrar.

Berowne *[à parte]* – Uma febre no seu sangue? Ora, mas então basta uma incisão que ela se esvai numa tigela de sangria. Doce ambigüidade.

Dumaine – Vou ler mais uma vez o poema que escrevi.

Berowne *[à parte]* – Vou ver mais uma vez como o amor faz uma pessoa variar.

DUMAINE *[lendo o poema]* –

Houve um dia – ai de mim, que dor!
O amor, sempre primaveril,
Espreitou a mais bela flor
Brincando lasciva, e ele viu:
Nas pétalas, passeando, o vento em
Invisíveis carícias mil.
O apaixonado, ciumento,
Quis ser um sopro assim viril
"Vento" – disse ele – "tomara eu
Ter esse triunfo que é teu!"
Mas jurei contrato mesquinho:
Não te arrancar de teus espinhos.
Pronto para colher doçuras,
Homem novo não faz tal jura!
Não me chames de pecador,
Que eu perjurei por teu amor.
Júpiter por ti juraria
Ser Juno uma negra,[12] um horror,
Ele até se transformaria
Em mortal pelo teu amor.

Vou mandar o poema, junto com alguma outra coisa mais simples, que expresse a dor do jejum a que me obriga este meu amor verdadeiro. Ah, que bom seria se o Rei, Berowne e Longaville estivessem também amando! O mal justificando-se com o mal que o precede – tiraria dos meus ombros o estigma de perjuro, pois nenhum estaria errando onde todos estivessem igualmente apaixonados.

---

[12] À época de Shakespeare, a beleza feminina tinha o seu ideal nas mulheres loiras e muito brancas. (N. T.)

Longaville *[aproximando-se]* – Dumaine, o teu amor está longe de ser cristão, já que tu desejas quem te acompanhe na dor do amor. Podes ficar pálido, mas eu ficaria vermelho ao ser pego falando assim, desatento, desprevenido.

Rei *[aproximando-se] – [Dirigindo-se a Longaville:]* Ora, então, sir, o senhor está ficando vermelho! O seu caso é o mesmo dele. Você o está repreendendo, ofendendo em dobro. O senhor não está apaixonado por Maria? Longaville não compôs um poema para ela? Não cruzou os braços à frente de seu peito enamorado para aquietar o coração? Eu estava escondido aqui nessa macega e em segredo fiquei observando os dois, e fiquei vermelho pelos dois. Escutei os seus versos culpados, olhei o seu comportamento, vi os dois esvaindo-se em suspiros, pude notar muito bem as suas paixões. "Ai de mim!", disse um. "Ah, Júpiter!", gritou o outro. O cabelo da amada de um é dourado como o sol, os olhos da amada do outro são cristalinos. *[Dirigindo-se a Longaville:]* Você desejando que os céus renegassem a fé e quebrassem juras. *[Dirigindo-se a Dumaine:]* E Júpiter, em prol do seu amor, quem sabe estaria disposto a infringir promessas? O que vai dizer Berowne quando ficar sabendo que se infringiu o combinado, que com tanto zelo foi prometido? Ah, como ele vai ironizar, como ele vai fazer comentários sardônicos! Como ele vai triunfar, pular, rir disso tudo! Pela riqueza de tudo o que vi e ouvi, eu, no lugar de vocês, não ia querer que ele ficasse sabendo disso.

Berowne *[aproximando-se]* – Agora sou eu quem me apresento para açoitar a hipocrisia. Ah, meu bom soberano, peço que me perdoe. Homem de bom coração, que virtude tem o senhor para reprovar estes vermes por estarem amando, quando é Vossa Alteza o que está mais apaixonado? Vossos olhos não são carruagens; em vossas lágrimas não aparece a imagem de uma certa princesa. E o senhor com certeza não vai quebrar um juramento; isso seria uma coisa odiosa! Ora, bolas, os três não passam de menestréis que adoram rascunhar um poemeto! Não têm vergonha na cara? Não têm vergonha de terem sido derrotados? *[Dirigindo-se a Longaville:]* Você achou um cisco no olho de Dumaine, o Rei achou um cisco no seu olho, mas eu achei uma pedra no olho de cada um de vocês.[13] Ah, que cena eu testemunhei, de três bobalhões, suspirando, gemendo, pesarosos, no maior sofrimento! Pobre de mim: com que paciência fiquei ali sentado, para ver um rei transformado em um mosquito. Vi o grande Hércules açoitando uma bola com um barbante; vi o rei Salomão, grande pensador, cantando uma jiga ligeira; vi Nestor, sábio conselheiro entre os gregos antigos, brincando com a meninada; e vi o severo crítico Timon, famoso misantropo, rindo às gargalhadas por causa de uma brincadeira besta qualquer. Onde está a sua dor? Diga-me, por favor, meu bom Dumaine. E você, meu nobre Longaville, onde está o seu padecimento? E, onde, o de meu soberano? Todos doem no peito! Canja de galinha para eles. Tadinhos, tudo dodói.

Rei – Ressentidas demais as tuas piadas. Então precisavas ficar escondido e depois aparecer só para nos entregar?

---

[13] Com referência à Bíblia, Novo Testamento, Mateus, capítulo 7, versículo 5: "Hipócrita, tira primeiro a trave do teu olho, e então cuidarás em tirar o argueiro do olho do teu irmão". (N. T.)

Berowne – Eu não entreguei ninguém; vocês é que me enganaram. A mim, que sou honesto; eu, que acho pecado quebrar o juramento que firmei. Fui levado a permanecer na companhia de homens como vocês, inconstantes. Quando foi que me viram escrever algo em verso? Ou gemer por uma mulher qualquer? Ou perder um minuto que fosse me vestindo com maior esmero e me ajeitando e me perfumando? Quando foi que vocês já ouviram dizer que eu tivesse elogiado mãos, pés, rosto, olhos, um jeito de andar, a pose, um trejeito, os seios, a cintura, as pernas, os braços...

Entra Jaqueneta, com um papel na mão, e o Bufão (Costardo).

[Berowne começa a sair.]

Rei – Ei, calma lá, espera aí, já te vais, tão rápido? És homem de verdade ou é ladrão, para sair assim a galope?

Berowne – Eu corro do amor, e a cavalo vou mais rápido. Meu bom e enamorado homem, deixe-me ir.

Jaqueneta – Que Deus abençoe o Rei.

Rei – O que tens aí para mim?

Costardo – Uma certa traição.

Rei – O que veio a traição fazer aqui?

Costardo – Não veio fazer nada.

Rei – Se não veio estragar nada, a traição e o senhor podem então ir se despedindo, e vão em paz.

Jaqueneta – Eu lhe imploro, Vossa Alteza, que se possa ler a carta. O nosso revervendo viu e achou suspeita. Isso é traição, ele disse.

Rei – Berowne, queira ler o documento.

[Berowne lê a carta.]

Berowne *[dirigindo-se a Jaqueneta]* – Onde conseguiste isto?

Jaqueneta – Com o Costardo.

Rei *[dirigindo-se a Costardo]* – Onde conseguiste isso?

Costardo – Com Dom Adrianado, Dom Adrianado.

[Berowne rasga a carta.]

Rei *[dirigindo-se a Berowne]* – Mas o que é isso, agora? O que deu em você? Por que rasgaste o papel?

Berowne – É uma bobagem, meu soberano, coisa sem significado. Vossa Alteza não tem nada a temer.

Longaville – Ele ficou chocado a ponto de rasgar o papel. Portanto, vamos ler.

Dumaine *[juntando os pedaços]* – É a letra de Berowne, e aqui está a assinatura dele.

Berowne *[dirigindo-se a Costardo]* – Ah, seu filho de uma égua, cabeça de vento, você nasceu para me fazer passar vergonha. – Sou culpado, milorde, culpado. Eu confesso.

Rei – Confessa o quê?

Berowne – Que vocês três bobalhões precisavam de mim para completar o quarteto: quatro comendo do mesmo prato. Ele, ele, e o senhor – o senhor, meu soberano! – e eu somos ladrões no amor, e merecemos morrer.[14] Por favor, dispensai essa platéia, e eu vos conto o resto.

Dumaine – Agora estamos em número par e estamos quites.

---

[14] Ladrões eram normalmente condenados à forca. (N. T.)

Berowne – Sim, de fato, somos quatro e estamos de quatro. *[Apontando para Jaqueneta e Costardo:]* Os pombinhos não vão embora?

Rei – Estão dispensados, senhores. Podem ir.

Costardo – Gente leal é dispensada, e os traidores podem ficar.

[Saem Jaqueneta e Costardo.]

Berowne – Meus queridos lordes, meus queridos apaixonados, venham cá, vamos nos dar um abraço. Somos tão leais quanto o podem ser a carne e o sangue. O mar avança e recua conforme a maré, o paraíso mostra a cara, e sangue jovem não obedece a um decreto ultrapassado. Não podemos trair a causa pela qual nascemos. Assim sendo, de qualquer modo, somos obrigatoriamente perjuros.

Rei – O quê? Então aquele papel rasgado denunciava um amor teu?

Berowne – Mostrava, foi o que o senhor perguntou. Quem consegue ver a divina Rosaline e, tal qual homem rude e selvagem da Índia, não inclina a cabeça em gesto de vassalagem ao primeiro abrir-se do glorioso Oriente e, cegado, não beija o solo imundo com o coração obediente? Que olho com visão de águia, peremptório, atreve-se a contemplar o céu que é aquele rosto sem que se deixe cegar pela majestade dela?

Rei – Que paixão, que fúria inspiram-te agora? Minha amada, a ama de Rosaline, é uma formosa lua, e Rosaline uma estrela próxima cuja luz mal se enxerga.

Berowne – Meus olhos então não enxergam, e eu não sou Berowne. Ah, se não fosse por minha amada, o dia virava noite! Numa triagem de todos os rostos, os melhores dos melhores encontram-se nos traços do rosto de Rosaline. Onde virtudes várias totalizam uma dignidade única, onde nada deixa a desejar, o desejo encontra o que buscava. Emprestai-me os floreios de todos os idiomas civilizados – é vergonhoso, é tudo artifícios de retórica. Ela não precisa de nada disso. Os elogios de um mercador servem para mercadorias. Ela está além de elogios. Como nenhum elogio serve, qualquer elogio ofende. Um eremita mais morto que vivo, gasto por uma centena de invernos, ficaria cinqüenta anos mais jovem só de olhar em seus olhos. A beleza ornamenta a idade, como se fosse recém-nascida, e dá um berço a quem se apóia em bengala. Ela é o sol que faz brilhar todas as coisas!

Rei – Pelos céus, o teu amor é negro como o ébano.

Berowne – O ébano é como ela? Ah, que palavra linda! Uma esposa dessa madeira seria a felicidade. Ah, quem pode prestar um juramento? Onde temos uma Bíblia, para que eu possa jurar que falta beleza para a beleza, se esta não aprendeu a ser olhando nos olhos de Rosaline? Nenhum rosto é claramente lindo se não for totalmente negro.

Rei – Ah, paradoxo! Negro é o emblema do inferno, a cor dos calabouços, onde a noite aprendeu sobre a escuridão. E o máximo da beleza combina muito bem com o céu.

Berowne – Os demônios sabem criar uma tentação, à semelhança de espíritos de luz. Ah, se de negro recobre-se o rosto de minha dama, é de pêsames, porque pintar o rosto e usar cabelos usurpados de terceiros[15]

[15] Perucas. (N. T.)

deixam maravilhados os homens desde um aspecto falso; daí que ela nasceu para transformar o negro em belo. Sua figura faz mudar a moda dos nossos tempos, pois uma pele naturalmente rosada é vista hoje como sendo pintura. Por isso é que uma face rosada que deseje evitar desaprovação pinta-se de negro para imitar o rosto de minha amada.

Dumaine – É para se parecer com ela que os limpadores de chaminé têm o rosto preto como piche.

Longaville – E, desde que ela existe, os mineiros de carvão são tidos como alvinhos.

Rei – E os etíopes gabam-se de sua linda cútis escura.

Dumaine – O escuro agora pode prescindir de acender velas, pois o escuro é claro.

Berowne – As suas amadas jamais ousariam andar na chuva, pois sabem que suas cores saem com água.

Rei – Era bom que a cor de sua dama saísse com água, pois, sir, para lhe dizer a verdade, vou encontrar hoje o rosto mais lindo que há, e não é um rosto aguado.

Berowne – Vou provar que ela é linda, ou fico argumentando aqui até o Dia do Juízo Final.

Rei – Não há diabo que vá te assustar tanto quanto ela.

Dumaine – Não conheço outro homem que goste tanto de coisa feia.

Longaville *[mostrando a sola do sapato]* – Olha, está aqui o teu amor; olha e vê meu pé e o rosto dela.

Berowne – Se as ruas fossem pavimentadas com os teus olhos, Longaville, esse seria um chão grosseiro demais para os delicados pezinhos dela.

Dumaine – Mas que mente suja! Quando ela ali caminhasse, sobre o pavimento que se deitou, este enxergaria tudo, sempre que ela estivesse em cima.

Rei – Mas, afinal, não estamos todos apaixonados?

Berowne – Essa é a única certeza, e somos todos, portanto, perjuros.

Rei – Então deixem de lado essa conversa; e você, meu bom Berowne, prove agora que nosso enamoramento é lícito, e que nossos princípios não foram renegados.

Dumaine – Sim, ora, mas claro, faça isto mesmo: alguns elogios à nossa maldade.

Longaville – Isso. A declaração de uma autoridade em sobre como proceder; alguns truques, uns sofismas aqui, umas evasivas lá, e você nos mostra como ludibriar o diabo.

Dumaine – Um paliativo para o perjúrio.

Berowne – Mais que necessário. Eu falo, e vocês, guerreiros do amor, escutam. Fizemos um juramento para estudar, lordes, e nesse juramento nós traímos os nossos próprios livros. Pois quando é que o senhor teria descoberto, meu soberano, ou você, ou você, em enfadonhas contemplações, versos tão ardentes quanto os suscitados pelos olhos de nossas tutoras para o assunto beleza? Outras ciências, de aprendizado mais lento, são apáticas, fixam-se no cérebro, e, portanto, ao encontrarem, em seus praticantes, terreno árido, raramente revelam os frutos de seu pesado esforço. Mas o amor, que se aprende primeiro nos olhos de uma dama, não mora sozinho, isolado no cérebro; pelo contrário, junto com os movimentos de cada pedaço de nosso organismo, ele circula rápido como o pensamento em cada pedaço de nossas faculdades mentais, e a estas empresta capacidade duplicada, acima e além de suas funções costumeiras. Acrescenta uma visão preciosa ao olho. O olhar de um amante faz da águia uma criatura cega. Os ouvidos de um amante escutam o mínimo ruído, mesmo aquele para o qual está surdo o mais cauteloso dos ladrões. No amor, as pontas dos dedos são mais suaves, mais sensíveis que as tenras antenas dos caracóis. A língua revela que o deus Baco, em todo o seu refinamento, tem paladar grosseiro para apreciar vinhos. Quanto à coragem, o amor não é um Hércules? Sempre subindo em árvores para roubar as maçãs douradas de um jardim guardado por um dragão! Sutil como a Esfinge, delicado e musical como a lira do deus Apolo, cujas cordas eram fios de seu próprio cabelo. E, quando o amor fala, é a voz de todos os deuses fazendo ninar o céu, tal a harmonia. Não houve poeta que se atrevesse a pegar da pena para escrever até que sua tinta estivesse preparada com os suspiros do amor. Daí então sim, os seus versos estariam aptos a encantar ouvidos selvagens, a plantar nos tiranos uma clemente humildade. É dos olhares femininos que extraio essa doutrina. Eles brilham com o verdadeiro fogo de Prometeu.[16] Eles são os livros, as ciências, as academias que revelam, contêm e alimentam o mundo todo. Sem eles, ninguém consegue alcançar a excelência em coisa nenhuma. Portanto, os senhores foram tolos em rejeitar sob juramento essas mulheres – e estarão dando provas de tolice se preservarem o juramento. Em prol

[16] Segundo a mitologia clássica, Prometeu roubou o fogo dos deuses e com ele presenteou a humanidade. (N. T.)

da sabedoria (palavra que todos os homens adoram), ou em prol do amor (palavra que ama a todos os homens), ou em prol dos homens (os criadores dessas mulheres), ou em prol das mulheres (por causa delas é que nós, homens, somos homens), vamos por uma vez deixar de lado o nosso juramento para encarar de frente a nós mesmos – do contrário, estaremos desrespeitando a nós mesmos para respeitar uma promessa. Neste caso, o perjúrio é ato religioso, pois amar ao próximo é cumprir a lei[17] – e quem pode distinguir o amor a uma mulher do amor ao próximo?

REI – Por São Cupido,[18] então. Soldados, ao campo de batalha!

BEROWNE – Ergam as suas bandeiras! Vamos penetrar o campo inimigo, lordes. A meta é derrubar por terra o outro lado. Mas primeiro certifiquem-se de que o sol esteja a nosso favor, batendo nos olhos delas.

LONGAVILLE – Mãos à obra. Chega de argumentos especiosos. Estamos decididos a cortejar essas francesas?

REI – E a conquistá-las também. Precisamos inventar alguma diversão para elas, nos pavilhões.

BEROWNE – Primeiro, vamos trazê-las do parque para cá. Cada um toma a mão de sua linda dama e a conduz na direção de casa. De tarde, vamos ter alguma diversão que as surpreenda, que as console, alguma coisa que se possa criar em tempo tão curto. Fazer

---

[17] Com referência à Bíblia, Novo Testamento, Romanos, capítulo 13, versículo 8: "A ninguém devais coisa alguma, a não ser o amor com que vos ameis uns aos outros: porque quem ama aos outros cumpriu a lei". (N. T.)

[18] O grito de guerra dos ingleses era "Por São Jorge". (N. T.)

uma festa, dançar uma dança, montar um baile de máscaras, passar horas alegres, isso precede um lindo amor, salpicando de flores o caminho.

Rei – Embora, vamos! Nenhum minuto pode subtrair-se dos minutos que passam; todos devem estar ajustados ao corpo de nossa causa.

Berowne – *Allons! Allons!* Quem planta erva daninha não colhe o trigo, e a justiça avança sempre em igual medida. Mulheres frívolas podem ser pragas para homens perjuros. Se é assim, igual, os nossos poucos cobres não compram tesouro melhor.

[Saem.]

QUINTO ATO

Cena I

Entram Holofernes (o Mestre-escola), Nataniel (o Cura) e Fosco (o Guarda).

Holofernes – *Satis quid sufficit.*[19]

Nataniel – Agradeço a Deus por você, sir. Os seus argumentos durante o jantar foram perspicazes e pomposos, agradáveis sem impropérios, inteligentes sem afetação, ousados sem impudência, cultivados sem arrogância e originais sem heresia. Houve um outro dia em que entabulei conversação com um dos acompanhantes do Rei, que se intitula, se denomina, ou é chamado Dom Adriano de Armado.

Holofernes – *Novi hominem tanquam te.* O humor dele é sublime, o discurso dele é peremptório, as palavras dele são afiadas, o olhar dele é ambicioso, o jeito de andar dele é imponente, e o comportamento dele de um modo geral é vaidoso, ridículo e garganta. Ele é todo requintado demais, bem vestido demais, afetado demais, estranho demais, por assim dizer; e eu poderia acrescentar: peregrino demais.

Nataniel – Um epíteto excelente, esse; singularíssimo.

---

[19] O provérbio correto em latim é *Satis est quod sufficit*: "Não precisa mais que o suficiente". (N. T.)

[Tira do bolso um caderninho de anotações.]

Holofernes – Ele desfia cada fibra de sua verbosidade mais fina que o fio da conversa. Acho detestáveis essas extravagâncias fantásticas, esses sujeitinhos com conversa de extrema precisão, antipáticos, carrascos da ortografia, que falam "contacto" em vez de "contato", que pronunciam "rit-mo" em vez de "rítimo", como todo mundo. Ele chama o "sóu" de "sol" e o "méu" de "mel". Ele desabrevia o "copo d'água" e diz "copo de água". Isso é simplesmente abominável – que ele pronunciaria "abominávelll". Isso me infunde intensa inquietude do tipo insana. *Ne intelligis, domine?* Entende, sir? Me deixa frenético, lunático.

Nataniel – *Laus Deo, bone intelligo.*[20]

Holofernes – *Bone? Bone* no lugar de *bene?* Arranhou o latim, mas… serve.

Entram Armado (o Garganta), o Rapaz e Costardo.

Nataniel – *Videsne quis venit?*[21]

Holofernes – *Video, et gaudeo.*[22]

Armado – Aves, senhores!

Holofernes – *Quare*[23] "aves", e não "Ave"?

Armado – Homens de paz, que encontro tão agradável.

Holofernes – Homem do exército, saudações.

Rapaz *[à parte, dirigindo-se a Costardo]* – Eles participaram de um grande banquete de línguas e roubaram as migalhas.

---

20 "Deus seja louvado, eu entendi bem". (N. T.)

21 "Viu quem está chegando?" (N. T.)

22 "Vi, e fico feliz." (N. T.)

23 "Por que…?" (N. T.)

Costardo *[à parte, dirigindo-se ao Rapaz]* – Ah, mas eles, fazem anos que vive tudo da cestinha de esmola das palavras. Fico maravilhado que o teu amo ainda não te papou, te confundindo com uma palavra, porque tu é menor que *honorificabilitudinitatibus*.[24] É mais fácil te engolir do que pôr na boca uma batata quente.

Rapaz *[à parte, dirigindo-se a Costardo]* – Silêncio, que agora começam os sinos a repicar.

Armado *[dirigindo-se a Holofernes]* – *Monsieur*, o senhor não é homem letrado?

Rapaz – Sim, claro, ele ensina aos meninos as primeiras letras. – Como fica *é* e *bê* soletrados de trás para a frente, tendo em mente a nossa cartilha, montada num pedaço de pau e revestida de chifre?

Holofernes – *Bé*. Essa é pueril, mesmo com chifre.

Rapaz – *Bé*, um carneiro otário, de chifre. – O senhor aprende com ele essa sapiência.

Holofernes – O quê, seu consoante?

Rapaz – Se eu sou consoante, sou a letra *tê*, mais a última vogal. Já o senhor é duas vogais: a segunda e a quinta.

Holofernes – Um *e*, mais um *u*: eu.

Rapaz – O carneirinho chifrudo. Enquanto eu sou *tê* + *u*: tu, cara de tatu.

Armado – Agora, pelo sábio sal do velho Mediterrâneo, uma estocada suave, um golpe rápido de esperteza! Tchun, tchan, rápido, e... *touché*. Isso me alegra o intelecto. A verdadeira inteligência.

---

[24] Era considerada a palavra mais comprida do mundo. (N. T.)

Rapaz – Presente de uma criança para um velho; na verdade, uma traição. Voltamos aos chifres!

Holofernes – E que linguagem figurada é essa? Hein? Qual é a figura de retórica?

Rapaz – Chifres.

Holofernes – Tu entras nessas disputas como um bebezão. Vai chicotear o teu bestunto, rapaz. No teu tempo livre, melhor é soltar pião.

Rapaz – Se o senhor me emprestar o chifre, eu faço um pião, que é para fazer ele girar em volta de sua infâmia, senhor, um pião de chifre de cornudo.

Costardo – Se eu tivesse um triste centavo que fosse no mundo, ele era teu, para comprar bolo de gengibre. Toma, pega aqui, a renumeração que ganhei do teu amo, seu saco mixo de esperteza, seu ovinho de pomba de tão discreto. *[Entrega-lhe o dinheiro.]* Se os céus tivessem escolhido te pôr neste mundo como meu bastardo, tu tinha feito de mim um pai muito feliz. Que coisa, tu tem esperteza na ponta dos dedos, como eles dizem.

Holofernes – Na ponta da língua! Da língua, não dos dedos.

Armado – Homem das ciências e das artes, deambule e preambule. Nós seremos singularizados dos bárbaros. Não é o senhor que ensina as crianças do pensionato ali no topo da montanha?

Holofernes – Ali no topo do morro, sim.

Armado – Se o senhor prefere, morro então, em vez de montanha.

Holofernes – Prefiro, *sans question.*[25]

---

[25] Em francês, "sem dúvida". (N. T.)

Armado – Sir, é muito do agrado do Rei, e com o maior prazer, que ele vem afetuosamente apresentar suas saudações à Princesa em sua tenda já na rabeira deste dia de hoje, coisa que a multidão iletrada chama de fim de tarde.

Holofernes – "A rabeira do dia", generosíssimo senhor, é adequado, congruente e proporcional a "fim de tarde"; o termo está bem selecionado, bem escolhido, harmonioso e apropriado. Isso eu lhe asseguro, sir.

Armado – Sir, o Rei é um cavalheiro da nobreza e meu muito bom, isso eu lhe asseguro, amigo. Bem chegado. Quanto àquilo que é privado entre nós, deixemos de lado. Eu lhe peço, não esqueça as boas maneiras. Por favor, cubra a sua cabeça.[26] Entre outros importantes e mais sérios propósitos, e mesmo os de suma relevância... mas, deixemos isso de lado. Pois o que devo lhe dizer é que é do agrado de Sua Majestade às vezes, juro por tudo que existe, apoiar-se em meu pobre ombro e com seu dedo real ficar brincando assim com o meu cabelo, com o meu bigode... mas, meu querido, deixemos isso de lado. Por tudo que existe, eu não sou pessoa de ficar repetindo fábulas. Agrada a Sua Alteza conferir algumas certas honras muito especiais a Dom Armado, um soldado, um homem viajado, que conhece o mundo... mas deixemos isso de lado. Na verdade, tudo se resume no seguinte – mas, meu querido, eu lhe peço sigilo: o Rei queria que eu apresentasse à Princesa, essa mimosa, algum delicioso espetáculo, ou uma mostra, ou um desfile, ou momices, ou

---

[26] Provavelmente, Dom Armado está dizendo a Holofernes que não é necessário tirar-lhe o chapéu em sinal de respeito. (N. T.)

fogos de artifício. Mas, veja só: ao saber que o cura e a sua própria amável pessoa são muito bons nessas demonstrações e em festas hilariantes de última hora, por assim dizer, vim pô-los a par desta intenção de buscar o seu auxílio.

Holofernes – O senhor pode apresentar à Princesa "Os Nove Ilustres". – Sir Nataniel, o que o senhor me diz de um passatempo, um espetáculo na rabeira do dia de hoje, a ser encenado com a nossa assistência? Estamos convocados, por ordem do Rei e através deste ilustre cavalheiro aqui, cultivado e galante, a apresentar algo para a Princesa. Eu digo que nada seria mais adequado que "Os Nove Ilustres".

Nataniel – Onde você vai encontrar homens ilustres o suficiente para representá-los?

Holofernes – Josué, você mesmo; eu; e este galante cavalheiro aqui, Judas Macabeu. Este campônio, porque tem braços e pernas bem compridos, vai se superar como Pompeu, o Grande; o pajem, Hércules...

Armado – Perdão, senhor... um erro. Ele não tem bastante envergadura nem para ser o dedo polegar desse Ilustre; não chega ao tamanho da ponta da clava de Hércules.

Holofernes – Será que vamos precisar de uma audiência com o juiz? Ele vai representar Hércules ainda criança. Ele entra e sai do palco para estrangular uma serpente; e eu terei escrito uma apologia com esse fim.

Rapaz – Um excelente artifício. Assim, se alguém na platéia estiver sibilando vaias, você pode gritar: "Muito bom, Hércules; agora você pode esmagar a serpente sibilante". É um bom modo de insultar com bons modos, embora poucos tenham bons modos para insultar assim.

Armado – E quanto ao resto dos Ilustres?

Holofernes – Eu fico com o papel de três deles.

Rapaz – Um cavalheiro triplamente ilustre!

Armado *[dirigindo-se a Holofernes]* – Posso lhe dizer uma coisa?

Holofernes – Estamos esperando.

Armado – Se isso não funcionar bem, nós teremos uma pantomima. Eu lhe peço, prossiga.

Holofernes – Vamos lá, Fosco, meu velho rústico. Tu não pronunciaste nenhuma palavra este tempo todo.

Fosco – Também não entendi nenhuma, sir.

Holofernes – *Allons!* Nós vamos precisar dos teus préstimos.

Fosco – Posso entrar numa dança, ou alguma coisa assim. Ou então eu posso tocar o tambor pros Ilustres, pra eles dançar, tudo numa roda.

Holofernes – Muito enfadonho, meu bom e honesto Fosco. Senhores, à nossa diversão! Vamos.

[Saem.]

Cena II

Entram as Damas: a Princesa, Rosaline, Katherine e Maria.

Princesa – Minhas queridas, estaremos ricas antes de partir se tantos presentes continuarem nos chegando assim. Uma dama cercada por uma fortaleza de diamantes! Vejam só, vocês, o que me foi entregue, vindo de um rei amoroso.

[Mostra uma jóia.]

Rosaline – Madame, não veio alguma outra coisa junto?

Princesa – Mais outra coisa? Sim, veio sim: tanto amor em verso quanto se pode abarrotar numa folha de papel, margens e tudo, frente e verso, tanta escrita que ele se viu obrigado a selar a carta em cima de "Cupido".

Rosaline – Pingar cera na divindade! Não é assim que se brinca com um menino de cinco mil anos, assim da idade do mundo.[27]

Katherine – Menino maldoso, que merecia a forca, isso sim.

Rosaline – Você e ele nunca vão ser amigos, depois que ele matou a tua irmã.

Katherine – Ele a deixou triste, melancólica, desesperançada, e foi assim que ela morreu. Se ela tivesse ficado animada assim como você, com o espírito alegre, esperto, arrebatado, ela teria sido avó antes de morrer. Isso você pode, pois o coração leve tem vida longa.

[27] À época de Shakespeare, acreditava-se que cinco mil anos era a idade do mundo. (N. T.)

Rosaline – Leve! Que significado tão pesado e tão escuro você tira, meu bem, dessa palavra tão leve e tão clara?

Katherine – Eu posso esclarecer: por trás de uma beleza escura há uma natureza leviana.

Rosaline – Precisamos de mais clareza para entender esse seu esclarecimento.

Katherine – Você obscurece o esclarecimento se ficar afrontada. Portanto, eu paro por aqui, chamuscando as pontas dessa discussão.

Rosaline – Não importa o que você faça, você faz tudo no escuro.

Katherine – Ao contrário de você, uma mulher com tudo às claras e de consciência leve.

Rosaline – Mas claro! Eu não carrego em mim o teu peso e, portanto, sou leve.

Katherine – Não carrega em você o meu peso? Isso quer dizer que você não se preocupa comigo.

Rosaline – Claro, porque o que não tem remédio remediado está.

Princesa – Os lances foram bons, de ambas; uma partida de agilidade verbal muito bem jogada. Mas, Rosaline, você também tem uma lembrança. Ganhou de quem? E o que é?

Rosaline – Queria que vocês soubessem. Se o meu rosto fosse tão alvo e lindo como o seu, a lembrança seria rica também. Sejam testemunhas disto.

[Mostra um presente.]

Tem versos também, e sou grata a Berowne por eles. A métrica é boa, lá isso é verdade. Se a crítica fosse boa também, eu seria a mais linda deusa na terra. Ele me compara a vinte mil beldades. E ele fez o meu retrato nesta carta.

PRINCESA – Ficou parecido?

ROSALINE – A tinta das letras é preta, e os elogios são transparentes.

PRINCESA – Formosa como caligrafia a nanquim: é uma boa conclusão.

KATHERINE – Linda e clara como a letra B maiúscula que se desenha à mão em caderno de caligrafia, com tinta preta.

ROSALINE – Ei, cuidado com o pincel! Essa eu não vou morrer te devendo, minha loira: cada bochecha tua, um "O" maiúsculo e vermelho, e a tua cara, acentuada com os pontos e vírgulas da varíola.

PRINCESA – Uma praga, essa piada. E eu lanço uma praga contra todas as megeras. Mas, Katherine, o que lhe enviou o belo Dumaine?

KATHERINE – Madame, esta luva.

PRINCESA – Ele não mandou o par?

KATHERINE – Sim, madame, e ainda mais: uns mil versos de fiel apaixonado, numa gigantesca expressão de hipocrisia transposta para o papel, abjetamente compilada, de profunda simploriedade.

MARIA – Isto, mais essas pérolas aqui, mandou-me Longaville.

[Mostra um papel e as pérolas.]

A carta é longa demais, meia milha de palavras excedentes.

PRINCESA – Dá para imaginar. Tu não preferirias, do

fundo do coração, que o fio de pérolas fosse mais longo e a enfiada de palavras, mais curta?

Maria – Sim, pois, se não, meu desejo seria de que as minhas mãos nunca se separassem.

Princesa – Somos garotas sabidas, para zombar tanto assim de nossos apaixonados.

Rosaline – Eles são os piores tolos, indo atrás de serem zombados. Esse tal de Berowne, vou me encarregar de torturá-lo antes de partir. Se eu soubesse com certeza que ele está de quatro por mim, eu faria ele abanar o rabo, e uivar, e me seguir, e esperar a hora certa, e observar as estações, e usar sua inteligência pródiga em rimas queixosas, e amoldar seus serviços por completo às minhas ordens, e deixar que ele se sinta orgulhoso porque me faz orgulhosa de como ele faz piadas! Assim, com o coringa na manga, supero o mestre – ele passa a ser o meu bobo, e eu, a sina dele.

Princesa – Ninguém fica tão completamente preso, quando capturado, quanto o inteligente que ficou bobo. A tolice que foi ovo chocado pela sabedoria pensa que tem todas as garantias do bom senso e todo o auxílio do que aprendeu na escola, mais as benesses da própria inteligência para beneficiar um bobalhão letrado.

Rosaline – Nem o calor da juventude arde com tanto excesso como a seriedade quando se transforma em lascívia.

Maria – A tolice nos bobos nunca é tão censurada quanto a palermice nos inteligentes. Isso porque a sapiência fica babando, uma vez que todas as capacidades mentais dali em diante serão aplicadas a provar, pelo raciocínio, que há valor na basbaquice.

Entra Boyet.

Princesa – Aí vem Boyet, e com uma cara alegre.

Boyet – Ai, que me mataram de rir. Onde está Sua Graça?

Princesa – Quais são as novas, Boyet?

Boyet – Prepare-se, madame, prepare-se. Armem-se, mulheres, armem-se. Encontros montados vão contra a sua tranqüilidade. É o amor que se vem aproximando, vestido em disfarces, armado de argumentos. Vocês vão se surpreender. Passem em revista as suas inteligências, ponham-se a postos, defendam-se, ou escondam as suas cabeças como fazem os covardes e fujam daqui.

Princesa – De São Dênis[28] a São Cupido! Quem são esses que apontam o fôlego contra nós? Diga, espião, diga!

Boyet – Na sombra fresca de um plátano, pensei em fechar os olhos por uma meia hora quando, vejam só, chegam para interromper minha sesta tão bem planejada, vindo em direção à sombra que eu havia escolhido, o Rei e seus acompanhantes. Desgastado, tratei de me esconder atrás de uma macega ali pertinho e deles ouvi o que de mim vocês vão ouvir agora: que logo, logo, usando disfarces, eles vão chegar aqui. Quem os vai anunciar é um pajem bem patife que decorou bem decorado o recado. Eu vi tudo: ensinaram ao pajem os gestos e a modulação da voz. "Tu tens de falar assim" e "Tu tens de caminhar assim e ficar parado assim". E uma vez, e outra vez, e de novo, eles questio-

[28] O santo padroeiro da França. (N. T.)

navam se a sua majestática presença não iria deixá-lo sem ação e sem palavras. "Pois", disse o Rei, "um anjo tu vais ver. Entretanto, não tenhas medo; pelo contrário, fala com audácia." O rapaz respondeu: "Um anjo não é mau. Eu teria medo dela se ela fosse um demônio". Com esta, todos riram do rapaz e lhe deram tapinhas no ombro, com seus elogios tornando esse temerário cômico ainda mais temerário. Um pegou-o assim pelo cotovelo, e sorriu com intimidade, e jurou que melhor discurso jamais fora dito. Um outro, fazendo estalar dedo e polegar, gritou: "Avante! Vamos adiante, aconteça o que acontecer". O terceiro, este dava pulinhos e gritava: "Está tudo indo muito bem". O quarto fez uma pirueta e se estatelou no chão. Com isso, se atiraram todos no chão, rolaram na grama com risadas tão entusiastas, gargalhadas tão altas que lhes sacudiam as barrigas e, para coroar o ridículo da coisa, lhes apareceram nos olhos lágrimas solenes e apaixonadas.

PRINCESA – Mas, como? O que o senhor está me dizendo? Eles estão vindo nos visitar?

BOYET – Estão vindo, sim. E estão vestidos como moscovitas, ou russos, é o que me parece. O objetivo deles é conversar, cortejar, dançar. E cada um deles vai revelar a sua descoberta amorosa para a dama de sua escolha – e eles vão saber qual é qual, pelos singulares presentes que lhes foram enviados.

PRINCESA – Será que vão saber mesmo? Os galantes cavalheiros devem ser testados. Minhas damas, nós estaremos mascaradas, e nenhum deles terá o privilégio de ver os nossos rostos, apesar da corte e dos pedidos que fizerem a cada uma de nós. Pegue aqui, Rosaline;

este rosto é o que tu vais usar, e o Rei vai te cortejar pensando que és a amada dele. – Aqui, tu ficas com este presente, minha querida, e me dá o teu, e então teremos Berowne confundindo-me com Rosaline.

[A Princesa e Rosaline trocam de presentes.]

E vocês também, troquem os seus presentes. Assim, os seus apaixonados vão namorar ao contrário, enganados por estas nossas trocas.

[Katherine e Maria trocam de presentes.]

ROSALINE – Então vamos usar os presentes onde eles mais fiquem visíveis.

KATHERINE *[dirigindo-se à Princesa]* – Mas, com essas trocas, qual é a sua intenção?

PRINCESA – Minha intenção é frustrar o efeito da intenção deles. Eles só estão fazendo isso para se divertirem, zombando de nós, e zombar de quem zomba é meu único intento. Eles vão abrir o coração e contar seus vários segredos às mulheres erradas, e, assim, quando nos encontrarmos de novo, nossos rostos à mostra, para conversar e dar-lhes as nossas saudações, a zombaria estará feita.

ROSALINE – Mas, se eles nos tiram para dançar, dançamos?

PRINCESA – Não, nem com risco de vida, não vamos mover nem um dedinho do pé. Também não vamos achar bonito o tal discurso decorado; pelo contrário, enquanto ele for declamado, nós todas vamos virar a cara.

BOYET – Ora, um desprezo assim apunhala o coração do orador e termina por divorciar a sua memória do seu papel.

Princesa – Então eu viro a cara, e deixo bem claro que o resto não sai se ele sai fora do papel. Não tem diversão melhor que a diversão estragada pela diversão, fazendo nossa a deles e fazendo da nossa uma diversão unicamente nossa. Assim é que nós vamos ficar aqui, zombando do jogo pretendido, e eles, depois de bem ridicularizados, vão embora com o rabo entre as pernas.

[Ouve-se um toque de clarim.]

Boyet – Estão tocando o clarim. Coloquem suas máscaras, que aí vêm os mascarados.

[As damas colocam suas máscaras.]

Entram os negros africanos com música, o rapaz com o discurso, o Rei, Berowne e o resto dos Lordes fantasiados.

Rapaz – "Saudamos todos as mais ricas formosuras deste mundo!"

Boyet – Formosuras tão ricas quanto o rico tafetá de suas máscaras.

Rapaz – "Conjunto sagrado das mais lindas damas..."

[As damas dão as costas para o rapaz.]

"...que já dirigiram... suas costas... para os olhares destes mortais."

Berowne – "Seus olhares", canalha, "seus olhares"!

Rapaz – "Que já dirigiram seus olhares para os olhares destes mortais. Por favor..."

Boyet – De fato: por favor!

Rapaz – "Por favor, espíritos celestiais, queiram dignar-se a não mais olhar..."

Berowne – "A uma vez olhar", patife.

Rapaz – "A uma vez olhar com os seus olhos banhados em sol... com os seus olhos banhados em sol..."

Boyet – Elas não vão responder a esse epíteto. É melhor você chamá-los de "olhos banhados em dó".

Rapaz – Elas não estão prestando atenção em mim, e com isso eu saio fora do papel.

Berowne – É essa a tua grande habilidade com as palavras? Vai-te embora daqui, seu tratante, e já!

[Sai o rapaz.]

Rosaline *[falando como se fosse a Princesa]* – O que desejam esses estrangeiros? Vá ver o que eles querem, Boyet. Se falam a nossa língua, gostaríamos que alguém que se fizesse entender viesse nos falar de seus intuitos. Informe-se sobre o que eles desejam.

Boyet – O que os senhores querem com a Princesa?

Berowne – Nada além de paz e uma cordial visita.

Rosaline – O que eles dizem que estão querendo?

Boyet – Nada além de paz e uma cordial visita.

Rosaline – Ora, isso eles já têm; peça-lhes a gentileza de se retirarem.

Boyet – Ela diz que isso vocês já têm, então queiram se retirar.

Rei – Diga a ela que nós contamos muitas milhas para chegar aqui, contamos muitos passos, só contando em trocar uns poucos passos de dança com ela.

Boyet – Dizem que contaram muitas milhas para chegar aqui, contaram muitos e muitos passos contando em trocar uns poucos passos de dança com a senhorita.

Rosaline – Não é verdade. Peça a ele para me contar quantas polegadas tem uma milha. Se eles contaram tantas milhas assim, a contagem de uma só é coisa fácil de me contar.

Boyet – Se para chegar aqui os senhores contaram muitas e muitas milhas, a Princesa pede que os senhores contem a ela quantas polegadas fazem uma milha.

Berowne – Diga a ela que nós contamos em passos cansados.

Boyet – Ela escutou.

Rosaline – De tantas milhas cansadas que os senhores atravessaram, quantos passos cansados os senhores contaram na travessia de uma milha?

Berowne – Tudo o que cansamos pela senhorita não conta. Nossa missão é tão rica e infinita que podemos repeti-la de novo e de novo e sempre e nem nos damos conta. Por favor, mostre-nos o brilho do sol de seu rosto, para que nós, como selvagens, possamos adorá-lo.

Rosaline – Meu rosto não passa de uma lua, e anuviada.

Rei – Abençoadas as nuvens, que fazem o que fazem essas nuvens. Por favor, lua brilhante, e essas suas estrelas, brilhem! Removam as nuvens de sua frente, para brilhar sobre os nossos olhos marejados.

Rosaline – Ah, peticionário ambicioso, vamos lá, suplica por algo mais relevante. O que me pedes é apenas um luar pairando sobre as águas.

Rei – Então, no nosso baile, concede-me uns passos de dança contigo. Tu me pediste para suplicar; esta súplica não é estrangeira.

Rosaline – Toquem a música, então. Você tem de ser rápido.

[A música começa.]

Nada, ainda? Então ficamos sem dança! Eu mudo assim: como a lua.

Rei – Não queres dançar? Por que ficaste assim estranha de repente?

Rosaline – O senhor chegou, a lua estava crescente, vigorosa, mas agora ela está cheia.

Rei – Em todas as fases, ela é sempre a lua, e eu, o homem da lua. A música está tocando. Por favor, vamos acompanhar o ritmo.

Rosaline – Sim, com nossos ouvidos.

Rei – Mas as tuas pernas devem acompanhar o ritmo.

Rosaline – Já que os senhores são estrangeiros e aqui chegados por acaso, não vamos ser tímidas. Um aperto de mãos. Não vamos dançar.

[Estende a mão.]

Rei – Para quê, um aperto de mãos?

Rosaline – Para nos despedirmos como amigos. – Uma reverência, minhas queridas. – E assim termina o baile.

Rei – Mais dessa mesma coreografia! Não sejam tímidas.

Rosaline – Não podemos dançar a esse preço.

Rei – Mas então digam: qual o prêmio? O que compra a sua companhia?

Rosaline – A sua ausência.

Rei – Impossível.

Rosaline – Então o senhor não nos pode comprar. E, portanto, *adieu*... Duas vezes *adieu* à sua máscara e metade de um *adieu* para o senhor.

Rei – Já que a senhorita se recusa a dançar, vamos continuar conversando.

Rosaline – Em particular, então.

Rei – Com o maior prazer.

[Afastam-se dos outros.]

Berowne *[dirigindo-se à Princesa]* – Minha dama de mãos opalinas, desejo trocar consigo umas doces palavrinhas.

Princesa – Mel, e leite, e açúcar; só aí o senhor já tem três.

Berowne – Dois ternos, na verdade, se você insiste em sofismar: hidromel, mosto, malvasia. Estão rolando os dados, senhores! Só aí a senhorita tem meia dúzia de doces.

Princesa – O seu sétimo doce: adeus. Já que o senhor trapaceia, não jogo mais.

Berowne – Uma palavrinha em particular.

Princesa – Que não seja doce.

Berowne – Assim tu me dás um soco no fígado.

Princesa – E as suas palavras passam a ser um balbucio bilioso!

Berowne – Amargo, como é de teu desejo.

[Afastam-se dos outros.]

Dumaine *[dirigindo-se a Maria]* – A senhorita me permite trocar consigo uma palavrinha?

Maria *[falando como se fosse Katherine]* – Pode dizer.

Dumaine – Minha linda senhorita...

Maria – É essa a sua palavrinha? Meu lindo senhor!

Pegue essa palavrinha e entregue-a à sua "linda senhorita".

DUMAINE – Se for do seu agrado, eu o farei, mas em particular. E depois me despeço.

[Afastam-se dos outros.]

KATHERINE *[falando como se fosse Maria]* – Mas como, a sua máscara não tem língua?

LONGAVILLE – Eu sei por que razão a senhorita me pergunta isso.

KATHERINE – Mas, então, vamos à razão! Vamos logo, senhor, estou esperando.

LONGAVILLE – A senhorita tem uma língua a mais em sua máscara e pode muito bem doar metade à minha máscara muda.

KATHERINE – *Muy bien*. Para o senhor mugir como um *ternero*?

LONGAVILLE – Berrar como um bezerro, linda senhorita?

KATHERINE – Não. Berrar como um lindo Senhor Bezerro.

LONGAVILLE – Vamos separar as palavras.

KATHERINE – Nada disso. Não fico com pedaços de nada nem de ninguém. Não quero ser a sua metade. O bezerro de cara toma tudo, para depois desmamar. E pode virar boi.

LONGAVILLE – Olhe só como você se arranha nessas suas piadas espinhosas. Está nos seus planos pôr guampas, minha casta dama? Não faça isso.

KATHERINE – Então morra bezerro, antes que lhe cresçam os chifres.

LONGAVILLE – Antes de morrer, quero uma palavrinha em particular com você.

Katherine – Então muge de mansinho, porque o açougueiro pode te ouvir berrando.

[Afastam-se dos outros.]

Boyet – A língua de uma mulher irônica é incisiva tanto quanto é invisível o fio da navalha que faz a barba que os olhos não enxergam; vai além do que podem os sentidos, tão perspicaz é a sua conversa. Sua linguagem imaginativa tem asas mais velozes que flecha, bala, vento, pensamento e coisas ainda mais ligeiras.

Rosaline – Nem uma palavra mais, minhas prezadas damas. Agora chega!

[As damas afastam-se dos cavalheiros.]

Berowne – Pelos céus, fomos chicoteados, todos, com o mais puro escárnio.

Rei – Adeus, suas loucas. Vocês são inteligentes de um modo tolo.

[Saem o Rei, os Lordes e os negros. As damas retiram as máscaras.]

Princesa – Vinte vezes adeus, meus gelados moscovitas. – É isso, a raça de inteligências masculinas que tanto se elogia?

Boyet – São quatro velas, e os doces sopros de vocês apagaram deles as chamas.

Rosaline – Inteligências bem nutridas eles têm: socadas, atarracadas, adiposas.

Princesa – Ah, que pobreza mental, que insulto majestosamente mísero! O que vocês acham? Eles se enforcam ainda hoje? Ou nunca mais mostram as caras, a não ser com máscaras? Esse Berowne foi insolente a ponto de perder a compostura.

Rosaline – Figuras lamentáveis, todos eles. O Rei ficava prestes a cair no choro quando não encontrava logo a palavra certa.

Princesa – Berowne incriminou-se de todas as maneiras, com e sem juramentos.

Maria – Dumaine pediu que eu desse as ordens, e ele obedeceria, ele e sua arma. "Não é grande o bastante", foi o que eu disse. Meu escravo imediatamente ficou mudo.

Katherine – Lorde Longaville disse que tomei conta de seu coração. E sabem do que ele me chamou?

Princesa – Pontada, quem sabe, e náusea.

Katherine – Sim, foi isso mesmo, de verdade!

Princesa – Ora, vamos, enjoada do jeito que você é!

Rosaline – Bem, há homens mais inteligentes entre os cidadãos comuns. Mas, querem saber de uma coisa? O Rei me jurou amor.

Princesa – E o ágil Berowne me prometeu ser fiel.

Katherine – E Longaville nasceu para me servir.

Maria – Dumaine é meu, tão certo como a casca do tronco é da árvore.

Boyet – Madame, e lindas senhoritas, prestem atenção. Logo, logo eles vão estar aqui de volta, sem disfarces, pois não se pode crer que vão simplesmente digerir essa indignidade atroz.

Princesa – Eles vão voltar?

Boyet – Vão, com certeza, Deus sabe, e vão pular de alegria, embora estejam estropiados de tanto levar rasteiras. Portanto, senhoritas, mudem de atitude e, quando eles aparecerem, portem-se como doces rosas que se abrem de um golpe na brisa de verão.

Princesa – Como assim, “se abrem”? Como assim, “de um golpe”? Faça-se entender.

Boyet – Lindas senhoritas mascaradas são rosas em botão. Desmascaradas, a suavidade de sua tonalidade rosa revelada, elas são anjos que se deixam ver entre as nuvens, são rosas que se abrem.

Princesa – Pode se retirar, seu orador de enigmas! – O que vamos fazer se eles voltarem sem disfarces para nos cortejar?

Rosaline – Madame, se deseja por mim ser aconselhada, continua-se a zombar deles, agora sem as máscaras, mas tudo como antes. Vamos queixar-nos a eles dos bobalhões que aqui estiveram, disfarçados de moscovitas em fantasias mal-ejambradas, e nos pomos a questionar quem seriam, e com que intuito teriam se apresentado a nós, em nosso pavilhão, de modo tão tosco e tão ridículo, com um espetáculo barato e prólogo muito mal escrito.

Boyet – Damas, recolham-se. Os cavalheiros chegaram.

Princesa – Rápido, já para os pavilhões!

[Saem a Princesa e as damas.]

Entram o Rei e os outros, como eles mesmos.

Rei *[dirigindo-se a Boyet]* – Deus o salve, sir. Onde está a Princesa?

Boyet – Recolhida em seu pavilhão. Seria do agrado de Sua Majestade que eu fosse até ela com uma ordem sua?

Rei – Que ela me conceda uma audiência, para trocarmos uma palavrinha.

Boyet – Assim o farei, e assim ela o fará também, milorde, tenho certeza.

[Sai.]

Berowne – Esse sujeito apanha esperteza com o bico, como se esperteza fosse alpiste, e despeja tudo de volta quando Deus bem entende. É o mascate das espertezas, e vende a varejo sua mercadoria, nas festas da paróquia, nas folias da cidade, nas praças, nos mercados e nas feiras. E nós, que vendemos por atacado, e Deus bem o sabe, não temos as graças com que agraciar nossos bens em uma boa exposição. Esse cavalheiro tem as mulheres na palma da mão. Tivesse sido Adão, e teria ele mesmo levado Eva à tentação. E mais: ele sabe usar o trinchante, e fala ceceando. Ora, esse é o homem que beijou a própria mão numa reverência. Sabe macaquear à perfeição cada regrinha de etiqueta, esse *Monsieur* Delicadíssimo; quando joga gamão, xinga os dados com palavras bem-educadas. Quando canta, é um tenor a temer; e quando funciona como arauto na corte... quem pode que faça melhor. As mulheres acham que ele é querido. Nas escadarias, os degraus beijam-lhe os pés. Essa é a flor que sorri para todos – só para mostrar os dentes brancos como osso de baleia. E pessoas de bom senso, que não querem morrer endividadas, pagam a ele o tributo do "Boyet boca de ouro".

Rei – Do fundo do meu coração: que se encha de pústulas essa boca de ouro que fez sair fora de seu papel o pajem de Dom Armado.

Entram as damas, com Boyet.

Berowne – Olhem, que aí vem o tal. Bons modos, o

que éreis vós antes de esse ensandecido aparecer? E o que sois vós agora?

Rei *[dirigindo-se à Princesa]* – Salve, doce criatura! Que todas as bênçãos chovam sobre você; que todos os dias lhe sejam belos.

Princesa – Belos dias com chuva são feios, no meu entender.

Rei – Por favor, analise melhor o que eu digo.

Princesa – Então, por favor, deseje-me coisa melhor que um belo dia feio. O senhor tem minha permissão para retirar-se.

Rei – Viemos para uma visita, com o propósito agora de levá-las até a corte. Dê-nos a sua permissão para tal.

Princesa – Este campo me prende aqui, fora de seu palácio, para que o senhor se prenda ao seu juramento. Deus não gosta de perjuros; nem eu.

Rei – Não me rejeite por uma situação que foi por você provocada. A força do seu olhar quebrou o meu juramento.

Princesa – O senhor confunde as palavras; devia ter dito "fraqueza", "vício", pois o que tem a força do bem nunca serviu para quebrar promessas. Agora, por minha honra de donzela ainda pura como o lírio intocado, eu protesto. Ainda que tivesse de suportar um mundo de tormentos, eu não aceitaria hospedar-me em sua casa, pelo tanto que detesto ser causa de se quebrar um juramento divino, feito com integridade.

Rei – Ah, mas você ficou aqui, isolada, sumida aos olhos de todos e, portanto, sem receber visitas, o que muito nos envergonha.

Princesa – Não é assim, milorde. Não é assim, eu lhe asseguro. Tivemos os nossos passatempos aqui, e uma caçada muito agradável. E quatro russos acabam de sair.

Rei – Como é que foi, madame? Russos?

Princesa – Sim, de fato, milorde. Cavalheiros muito bem vestidos, cheios de pompa, homens de modos refinados.

Rosaline – Madame, fale a verdade. – Não é assim, milorde. A minha senhora, seguindo o costume de nossos dias, por civilidade, tece elogios imerecidos. Nós quatro, realmente, nos defrontamos com quatro homens vestidos como russos. Eles ficaram aqui coisa de uma hora, e falaram sem parar, uma conversa acelerada; e nessa uma hora, milorde, não nos gratificaram com uma única frase feliz. Não me atrevo a chamá-los de bobalhões, mas o que penso é o seguinte: quando estão com sede, espertos, os tolos com prazer tomam umas e outras.

Berowne – Essa piada para mim está espertamente seca. Minha rica mimosa, a sua inteligência torna sábias coisas bobas. Quando, com os nossos olhos, damos as boas-vindas àquele olho que se vai erguendo abrasador no céu, estamos diante da luz que nos cega. A sua habilidade, senhorita, é desta natureza: em comparação com o seu vasto repertório, palavras sábias parecem bobas, e coisas caras parecem quinquilharias.

Rosaline – Isso prova que o senhor é sábio e rico, pois aos meus olhos...

Berowne – ...sou um bobalhão que tem uma fortuna em misérias.

Rosaline – Exceto pelo fato de que o senhor toma para si o que lhe pertence, eu diria que é errado de sua parte tirar as palavras da minha boca.

Berowne – Ah, eu sou seu, e tudo o que tenho é seu também!

Rosaline – O bobalhão todo é todo meu?

Berowne – Nem que eu quisesse, não conseguiria lhe dar menos.

Rosaline – Qual das máscaras você estava usando?

Berowne – Onde? Quando? Que máscara? Por que essa pergunta?

Rosaline – Naquele lugar; naquele momento; aquela máscara; aquela cara supérflua que escondeu a pior e mostrou a melhor face.

Rei *[à parte, dirigindo-se a Dumaine]* – Fomos descobertos. Agora elas vão positivamente rir de nós.

Dumaine *[à parte, dirigindo-se ao Rei]* – Então o melhor é confessar e fazer de conta que tudo foi uma grande brincadeira.

Princesa *[dirigindo-se ao Rei]* – Surpreso, milorde? Por que será que Vossa Alteza está me parecendo triste?

Rosaline – Acudam, segurem-lhe a cabeça! Ele vai desmaiar! – Por que assim pálido? Deve ser enjôo, da viagem de Moscóvia para cá.

Berowne – Assim são as pragas das estrelas sobre os que cometem perjúrio. Pode uma cara-de-pau não me deixar na mão agora? Aqui estou eu, minha cara. Pode mirar e atirar o seu repertório contra mim. Pode me esbofetear com sua ironia. Pode acabar comigo usando de insultos. Pode apunhalar minha ignorância com suas palavras afiadas de deboche. Pode fazer de mim picadinho com o seu menosprezo. E nunca mais eu a convido para dançar comigo; e nunca mais eu lhe sirvo de criado em trajes de russo. E, sim, nunca mais confio em discursos escritos de antemão, nem no que promete um rapaz que não passa de um menino, e também nunca mais chego de máscara para a minha amada, nem tento cortejá-la em versos. Frases de tafetá, sílabas precisas de seda, hipérboles encorpadas como um veludo, um estilo afetado e elegante, a linguagem figurada e pedante – essas moscas varejeiras me fizeram inchar com ostentação repleta de larvas. Eu as rejeito, e deixo aqui o meu protesto, com esta luva branca; e só Deus sabe se a mão está limpa! Portanto, meus pensamentos apaixonados vão se expressar em sins de esfregão e em nãos honestos como trapos. E, para começar, aqui vai: Mulher, Deus que me ajude, mas, ora bolas, meu amor por ti é sólido, sem mácula, sem jaça, sem…

Rosaline – Sem tanto "sem", senão fica sem graça.

Berowne – E, no entanto, eu tenho ainda um resquício da antiga sandice. Tenha paciência comigo, que estou enfermo; vou me curar aos poucos. Um minutinho só, vamos ver. Escreva: "Senhor, tende piedade de nós" nesses três. Estão infectados; e a coisa está no coração. Eles têm a praga, e foram contagiados pelos olhos de vocês. Esses cavalheiros estão em sofrimento. E vocês não estão livres de contaminação, pois a graça desta praga do Senhor eu consigo ver que recaiu sobre vós.

Princesa – Pelo contrário: estão livres de contaminação, porque generosos, os que nos concederam a graça desta praga.

Berowne – Nossas fortunas, nossos corações foram confiscados. Corre risco a nossa posição de homens honrados. Procurem não nos pôr a perder; não nos ponham a nu.

Rosaline – Não é assim, pois, como pode ser que vocês foram confiscados se foram vocês os que pediram o confisco?

Berowne – Agora chega, porque eu não tenho mais nada a ver e nada em haver com a senhorita.

Rosaline – Nem nunca mais terá, se as coisas forem do meu jeito.

Berowne *[dirigindo-se ao Rei, a Longaville e a Dumaine]* – Falem por vocês, que eu não sei mais o que pensar.

Rei *[dirigindo-se à Princesa]* – Peço que nos ensine, minha doce dama, alguma boa desculpa para nossa rude transgressão.

Princesa – A melhor saída é confessar. Não estiveram os senhores aqui, ainda agora há pouco, disfarçados?

Rei – Sim, madame, eu estive.

Princesa – E o senhor já refletiu sobre o que fez?

Rei – Refleti, senhorita.

Princesa – Quando esteve aqui, o que o senhor sussurrou no ouvido de sua dama?

Rei – Que, mais que ao mundo inteiro, eu devo respeito a ela.

Princesa – Quando isso ela lhe cobrar, o senhor a rejeitará.

Rei – Pela minha honra, juro que não.

Princesa – Chega, silêncio, controle-se! O senhor já

quebrou seu juramento uma vez, daí que perjurar lhe é fácil.

Rei – Despreze-me quando eu quebrar esse juramento.

Princesa – Pode ter certeza. Então, mantenha o juramento. – Rosaline, o que lhe sussurrou o russo no ouvido?

Rosaline – Madame, ele jurou que me amaria como à luz de seus olhos, e que me considerava acima deste mundo, acrescentando que ou se casava comigo ou morria de tão apaixonado por mim.

Princesa – Que Deus lhe dê as alegrias de ficar com ele. O nobre cavalheiro, muito honradamente, mantém a palavra empenhada.

Rei – O que está querendo dizer, madame? Por minha vida, por meu juramento, eu nunca prestei tal juramento a esta dama.

Rosaline – Pelos céus, estou dizendo que sim! E, para confirmar sua intenção, o senhor me deu isto. *[Ela mostra o presente.]* Mas pode pegar de volta, sir.

Rei – Meu amor e este presente, eu os dei à Princesa. Eu a reconheci por esta jóia em sua manga.

Princesa – Perdoe-me, senhor. Essa jóia era ela quem estava usando.

[Aponta para Rosaline.]

E Lorde Berowne, a ele sou agradecida, é o meu querido. *[Dirigindo-se a Berowne:]* Ora, vamos, o senhor me quer, ou quer suas pérolas de volta?

[Mostra as pérolas.]

Berowne – Nem uma coisa nem outra. Renuncio a todas as duas. Estou entendendo a piada. Sabiam de antemão sobre o nosso passatempo, e houve um consenso: estragar nossa apresentação, transformando-a em comédia. Um leva-e-trás, um baba-ovos, arremedo de palhaço, fofoqueiro, parasita, esse um sujeitinho infame qualquer, que nos últimos anos enruga a cara toda vez que monta um sorriso nas bochechas, que conhece o truque para fazer a minha dama rir quando ela está disposta, foi ele quem contou sobre a nossa intenção. Nosso plano revelado, as senhoritas trocaram de máscaras. Nós, seguindo os sinais, cortejamos tão-somente os sinais de nossas amadas. E então, para aumentar o terror de nosso perjúrio, somos agora duplamente perjuros – por vontade própria e por equívoco. Com certeza foi algo assim o que ocorreu. *[Dirigindo-se a Boyet:]* E não teria o senhor sonegado a nossa diversão justamente para nos ver a nós equivocados? Por acaso o senhor não sabe que número calça a sua patroa? E não olha direto no olho dela com grande prazer? E o senhor por um acaso não se coloca entre ela e o calor do fogão e lhe estende um prato, imitando um criado? O senhor fez o nosso pajem desconcentrar-se. Tudo bem, o senhor está no seu papel. Morra quando morrer, a sua mortalha será uma camisola de mulher. Mas então o senhor agora quer me olhar enviesado? Eis aí um olhar que fere como espada de chumbo.

Boyet – Mais divertido impossível: com esse galope esplêndido, o senhor bem que podia disputar uma carreira.

Berowne – Mas, olhem só: ele disparou na raia, esticou o pescoço à frente, essa cavalgadura! Para mim chega, estou farto.

Entra o Bufão (Costardo).

Bem-vindo, intelecto de primeira. Tu chegas apartando uma boa briga.

Costardo – Ah, sir, meu Lorde Berowne, eles querem saber dos três Ilustres se pode entrar ou não.

Berowne – Mas, como assim? São só três?

Costardo – Não, sir. Mas tá tudo bem, por causa que cada um apresenta três.

Berowne – E três vezes três é nove.

Costardo – Não é, não, sir, a menos que tenha correção, sir, o que tomar que não seje assim, senhor. O senhor não pode nos confundir com gente burra, sir, isso eu garanto, por causa que nós, a gente sabe o que sabe. Eu espero que seje, sir, três vezes três...

Berowne – Não é nove?

Costardo – A menos que tenha correção, sir, a gente sabe quanto que é.

Berowne – Por Júpiter, eu sempre tive para mim que três vezes três é nove.

Costardo – Ah, meu Lorde Berowne, sir, era pena se o senhor tivesse que ganhar a vida fazendo conta, sir.

Berowne – Então quanto é?

Costardo – Ah, meu Lorde Berowne, sir, já, já o papel de cada um, os atores, sir, vão mostrar quanto que é. Eu aqui da minha parte, eu vou, como eles dizem, apresentar um homem que é um pobre homem: Pompom, o Grande, sir.

Berowne – Tu és um dos Ilustres?

Costardo – Era do agrado deles achar que eu sou capaz de fazer Pompeu, o Grande. Eu aqui da minha parte, não sei qual é o posto do Ilustre, mas tenho que ficar no lugar dele.

Berowne – Vai e diz a eles que se preparem.

Costardo – A gente vai fazer a coisa direitinho, sir. Vai se tomar cuidado.

[Sai.]

Rei – Berowne, eles vão nos fazer passar vergonha. Diga a eles que não venham.

Berowne – Nós somos à prova de vergonha, milorde. E é uma jogada inteligente, ter um espetáculo pior que o do Rei e companhia.

Rei – Eu digo que eles não devem vir.

Princesa – Não, meu bom rei; deixe que eles o superem agora. A diversão que mais agrada é a que menos sabe como agradar, onde o empenho luta por contentar, e o conteúdo se perde no empenho de apresentar. A forma do conteúdo aniquilada transforma a tudo em pura alegria, quando os grandes planos gestados morrem na hora de vir à luz.

Berowne – É a descrição precisa do nosso espetáculo, milorde.

Entra o Garganta (Dom Armado).

Armado *[dirigindo-se ao Rei]* – Meu rei ungido, eu vos suplico, concedei-me um tanto de vosso real fôlego quanto baste para enunciar uma parelha de palavras.

[Dom Armado e o Rei afastam-se, e Dom Armado entrega um papel ao Rei.]

Princesa – Esse homem serve a Deus?

Berowne – Por que pergunta?

Princesa – Ele não fala como um homem de Deus.

Armado *[dirigindo-se ao Rei]* – Não vem ao caso, meu belo, doce e suave monarca, pois, e é este o meu protesto, o mestre-escola é excessivamente fantástico, muito, muito vaidoso, muito, muito mesmo. Mas vamos colocar isso dentro da competência de *la fortuna de la guerra*. – Desejo a vós paz de espírito, ó casal de majestades.

[Sai.]

Rei *[lendo o papel]* – É bem possível que tenhamos uma boa apresentação dos Ilustres. Ele estará nos apresentando Heitor de Tróia; o campônio, Pompeu, o Grande; o cura da paróquia, Alexandre; o pajem de Dom Armado, Hércules; e o mestre-escola, Judas Macabeu. E, se esses quatro Ilustres em sua primeira apresentação se saírem bem, esses quatro vão mudar de figurino e apresentar os outros cinco.

Berowne – Tem cinco na primeira apresentação.

Rei – Você está enganado. Não são cinco.

Berowne – O mestre-escola, o garganta, o sacerdote analfabeto, o bufão e o rapaz. Noves fora, e o mundo nunca mais terá a chance de ver esses cinco juntos, cada um mais pancada que o outro.

Rei – O navio levantou âncora, e aí vem ele, velas enfunadas, à toda.

Entra Costardo no papel de Pompeu.

Costardo – “Eu, Pompeu, sou...”

Berowne – Está mentindo; você não é Pompeu.

Costardo – “Eu, Pompeu, sou...”

Boyet – Um sujeito com uma cabeça de leopardo[29] no joelho.

---

[29] A insígnia de Pompeu era um leopardo heráldico. (N. T.)

Berowne – Bem observado, seu velho piadista. Precisamos ficar amigos, nós dois.

Costardo – "Eu, Pompeu, sou chamado de o Maior..."

Dumaine – O Grande.

Costardo – É mesmo, sir, o Grande.

Eu, Pompeu, sou chamado de o Grande;
Sou chamado de o Grande, eu, Pompeu.
No campo de batalha, muitas vezes lutei
Com escudo e broquel. Fiz o inimigo suar.
Vim ao longo da costa e por aqui aportei,
Para diante de si as armas depositar.

[Deposita suas armas aos pés da Princesa.]

Se Vossa Senhoria, doce dama da França, disser "Obrigada, Pompeu", eu paro por aqui.

Princesa – Muito obrigada, ó grande Pompeu.

Costardo – Não vale lá grande coisa, mas eu acho que consegui fazer perfeito. Só fiz um erro pequeno no "Grande".

Berowne – Meu chapéu[30] contra uns trocados como Pompeu vai ser o melhor Ilustre do espetáculo.

[Costardo afasta-se.]

Entra o Cura (Nataniel), no papel de Alexandre.

Nataniel –

Quando neste nosso mundo eu morei,
Este mundo era eu quem comandava.
As terras e os mares eu conquistei.
Meu escudo mui claramente declara
Que sou Alexandre...

---

[30] Os chapéus dos nobres eram grandes, forrados de tecido caro e ricamente ornamentados. (N. T.)

Boyet – Coisa que o seu nariz desmente, pois é muito retinho.

Berowne *[dirigindo-se a Boyet]* – Foi o seu nariz sensível, cavalheiro, que notou que esse aí não tem o cheiro doce de Alexandre.

Princesa – O conquistador desanimou. – Prossiga, meu bom Alexandre.

Nataniel –

Quando neste nosso mundo eu morei,
Este mundo era eu quem comandava.

Boyet – De fato, é verdade. Você comandava, Alexandre.

Berowne *[dirigindo-se a Costardo]* – Pompeu, o Grande...

Costardo – Às suas ordens, e Costardo também.

Berowne – Tira daqui o conquistador. Leva embora esse Alexandre.

Costardo *[dirigindo-se a Nathaniel]* – Senhor, o senhor destronou Alexandre, o Conquistador. Por causa disso, o senhor vai ser raspado fora das pinturas dos nove Ilustres nas tapeçarias. O seu leão, que segura a sua acha sentado no trono da latrina, ele vai ser dado para Ajax, que vai ser o nosso nono Ilustre. Um conquistador que tem medo de falar? Que vergonha! Corre já daqui, Alexandre.

[Sai Nataniel.]

Então, aí vocês têm, se lhes agrada, um homem cordial e bobo, um homem honesto, olhem só, e logo, logo desencorajado. É um vizinho maravilhoso, dou minha palavra, e um ótimo jogador de boliche de grama. Mas, como Alexandre, ai de mim, vocês viram como é... fica difícil para ele. Mas temos Ilustres chegando que vão falar o que pensam de outro jeito.

Entram o Mestre-escola (Holofernes), no papel de Judas, e o rapaz, no papel de Hércules.

Princesa *[dirigindo-se a Costardo]* – Sai da frente, meu bom Pompeu.

Holofernes –

Hércules vai aqui representado
Por esse rapaz, menino endiabrado.
Sua clava matou Cérbero, o cão;
Serpentes ele estrangulou co'a mão
Quando ainda era bebê, um nanico.
Esta apologia, assim, ficou comigo,
Porque ele parece menor de idade.

[Dirigindo-se ao rapaz:]

Vai, conserva um pouco de dignidade.
Sai e desaparece.

[Afasta-se o rapaz.]

Holofernes – "Eu sou Judas..."

Dumaine – Um Judas!

Holofernes – Não o Iscariote, sir.

Holofernes – "Eu sou Judas, de sobrenome Macabeu."

Dumaine – Judas, Macabeu sobrenomeado, na abreviação abraçou só o Judas.

Berowne – O traidor abraçou e beijou. – Como é que te tornaste Judas?

Holofernes – "Eu sou Judas..."

Dumaine – Que vergonha para você, Judas.

HOLOFERNES – O que o senhor quer dizer com isso, sir?

BOYET – Por ter feito o Judas enforcar-se.

HOLOFERNES – O senhor fez isso antes, pois é bem mais velho que eu.

BEROWNE – Muito bem posto. Judas enforcou-se em uma árvore anciã.

HOLOFERNES – Não conseguirão me fazer perder a cabeça. Meu rosto é a prova de que estou tranqüilo.

BEROWNE – Só porque você não tem um rosto.

HOLOFERNES – E o que é isto? *[Aponta para o próprio rosto.]*

BOYET – A cabeça de uma gárgula.

DUMAINE – Uma cabeça de proa.

BEROWNE – A cara da morte num anel de caveira.

LONGAVILLE – Um rosto numa velha moeda romana, daqueles que quase não se enxerga.

BOYET – A ponta do punho do sabre de César.

DUMAINE – O entalhe de uma cara encovada e cavada em osso num frasco de pólvora.

BEROWNE – O perfil do nosso padroeiro São Jorge num broche.

DUMAINE – Sim, mas num broche de chumbo.[31]

BEROWNE – Sim, usado no chapéu de um tira-dentes. Mas, agora, por favor, prossiga, que nós o pusemos com a cabeça no lugar.

HOLOFERNES – Os senhores me fizeram perder a cabeça.

---

[31] Broches de chumbo eram usados nos chapéus, por membros das guildas, com a indicação de seu ofício. (N. T.)

Berowne – Falso. Nós lhe demos um rosto, cara e cabeça.

Holofernes – Mas me afrontaram.

Berowne – Se você fosse um leão, teríamos feito isso.

Boyet – Portanto, já que ele é um asno, deixem-no ir embora. – E, assim, adeus, doce Ju. Ora, por que ainda estás aqui?

Dumaine – Está esperando o resto do nome.

Berowne – O "dás" depois do "Ju"? É só dar para ele. – Judasno Macabeu, xô, fora!

Holofernes – Isso não é nem generoso, nem cordial, nem humilde.

Boyet – Uma luz para *Monsieur* Judás! Está escurecendo, e ele pode tropeçar.

[Holofernes sai.]

Princesa – Ai, ai, ai, pobre Macabeu! O que vocês fizeram com o Judas foi uma judiação.

Entra o Garganta (Armado), no papel de Heitor.

Berowne – Esconde tua cabeça, Aquiles. Aí vem Heitor, e está armado.

Dumaine – Embora as minhas zombarias todas sirvam para, por tabela, zombar de mim, agora vou me divertir.

Rei – Heitor não passava de um cidadão comum de Tróia.

Boyet – Mas esse aí é Heitor?

Rei – Acho que Heitor não era tão bem-apessoado.

Longaville – As pernas são grandes demais para serem de Heitor.

Dumaine – De fato, ali tem muita panturrilha sobrando, que só serve para deixá-lo mais lento… nas idéias.

Boyet – Mas ele está bem dotado mais embaixo, nos tornozelos.

Berowne – Esse não pode ser Heitor.

Dumaine – É um deus, ou um pintor, pois está esboçando caras e bocas.

Armado –

Marte, armipotente, fantástico lanceiro,
Presenteou Heitor com...

Dumaine – Gengibre caramelado com gema de ovo.

Berowne – Uma gemada!

Longaville – Uma enfiada de ovos ou uma enfiada de cravos.

Dumaine – Não, uma enfiada na rachadinha.

Armado – Silêncio!

Marte, armipotente, fantástico lanceiro,
Presenteou Heitor com um tremendo herdeiro,
Um homem que luta por Tróia noite e dia,
De extraordinário fôlego e ousadia.
Sou eu aquela flor...

Dumaine – Aquela folha de hortelã.

Longaville – Uma aquiléia, a erva-dos-soldados.

Armado – Lorde Longaville, por favor, ponha rédeas na língua.

Longaville – Eu prefiro soltar-lhe as rédeas, pois ela está correndo contra Heitor.

Dumaine – E Heitor é um galgo.

Armado – O meigo homem guerreiro está morto e

enterrado e já apodreceu. Meus meigos amigos, não dêem de relho em ossos descarnados. Enquanto respirou, foi um homem. Mas eu vou dar prosseguimento à minha dramatização. *[Dirigindo-se à Princesa:]* Meiga realeza, concedei-me o sentido da audição.

[Berowne dá um passo à frente.]

Princesa – Fale, bravo Heitor. Teremos muito prazer em escutá-lo.

Armado – Tenho adoração até mesmo pelas doces chinelinhas de Vossa Graça.

Boyet – O amor dele tem a medida de um pé.

Dumaine – Porque não pode ter a medida de um pau.

Armado –

Esse Heitor sobrepujou Aníbal em muito.
A parte interessada se foi...

Costardo – Meu caro Heitor, ela se foi! Ela está de dois meses.

Armado – O que estás querendo dizer?

Costardo – Pela minha honra, a menos que o senhor esteja representando o honesto troiano, a pobre mulher foi mandada embora. Em estado interessante; o filho já se faz notar na barriga dela. E é seu.

Armado – Tu vens me difamizar na frente desses potentados? Vais morrer por isso!

Costardo – Então o Heitor deve ser açoitado por causa de Jaqueneta, que está prenha por causa dele, e enforcado por causa de Pompeu, que estará morto por causa dele.

Dumaine – Meu extraordinariamente excepcional Pompeu!

Boyet – Renomado Pompeu!

Berowne – Mais grande que "Grande"! Grande, grande, grande Pompeu. Pompeu, o Imenso!

Dumaine – Heitor está tremendo.

Berowne – Pompeu está pronto para entrar em ação. Sangue! Queremos ver sangue! Incitem-nos, vamos, incitem-nos!

Dumaine – Heitor irá desafiá-lo.

Berowne – Sim, só que ele não tem sangue de macho naquela barriga, nem mesmo para alimentar uma pulga.

Armado *[dirigindo-se a Costardo]* – Pelo Pólo Norte, eu te desafio!

Costardo – Eu não vou jogar pólo com um homem do norte! Quero mais é lhe dar uns talhos. Pela minha espada, eu te desafio! – Eu lhe peço de súplica, me deixe pegar as minhas armas[32] de novo.

Dumaine – Abrindo espaço para os Ilustres enfurecidos!

Costardo – E vou lutar em mangas de camisa. *[Tira o gibão.]*

Dumaine – Pompeu é decidido!

Rapaz *[dirigindo-se a Armado]* – Mestre, eu ajudo o senhor a desabonar-se, quero dizer, desabotoar-se. Não viu que Pompeu está se preparando para combate? O que o senhor está pensando? Vai perder sua reputação.

Armado – Cavalheiros, soldados, peço que me perdoem, mas não vou entrar em combate em mangas de camisa.

Dumaine – Pompeu lançou-lhe um desafio. O senhor não pode negar-se.

---

[32] As armas usadas para representar Pompeu. (N. T.)

ARMADO – Senhores de nobre sangue, tanto eu posso que o farei.

BEROWNE – E por que razão, pode-se saber?

ARMADO – A verdade nua e crua, senhores, é que estou sem camisa. Uso lã diretamente sobre a pele como uma forma de penitência.

BOYET – Verdade. São ordens de Roma, dada a falta de roupa branca. Desde então, posso jurar que ele não usou nada além de um pano de pratos da Jaquenetta – que ele traz junto ao coração, como se fosse um presente de mulher amada.

Entra um Mensageiro (Monsieur Marcade).

MARCADE *[dirigindo-se à Princesa]* – Que Deus a tenha, madame.

PRINCESA – Seja bem-vindo, Marcade, apesar de haver interrompido nossa diversão.

MARCADE – Eu sinto muitíssimo, madame, mas a notícia que trago está me pesando no peito. O senhor seu pai, o Rei...

PRINCESA – Por minha vida! Morreu?

MARCADE – Isto mesmo. Meu recado está entregue.

BEROWNE – Ilustres, retirem-se! O cenário ficou nublado.

ARMADO – Eu, de minha parte, respiro aliviado. Contemplei os erros do dia pela janela do discernimento, e vou me desafrontar como um soldado.

[Saem os Ilustres.]

REI *[dirigindo-se à Princesa]* – Como está se sentindo, Majestade?

PRINCESA – Boyet, trate dos preparativos. Vou partir ainda esta noite.

Rei – Madame, isto não. Eu lhe imploro que fique.

Princesa *[dirigindo-se a Boyet]* – Cuide dos preparativos, eu disse. – Eu lhes sou agradecida, gentis cavalheiros, por todo o seu comovente empenho, e lhes suplico, agora do fundo de minha alma recém-entristecida, que os senhores, com sua vasta sabedoria, concordem em desculpar ou esquecer a impertinente oposição de nossas vontades, se nos portamos de modo excessivamente atrevido em nossas conversações; posso dizer que foi culpa de sua excessiva gentileza. Adeus, ilustríssimo. Um coração pesado não consegue expressar cordialidades. Perdoe-me, portanto, se não chego a agradecer devidamente por minha grande requisição com tanta facilidade obtida.

Rei – O tempo urge, e tem razões urgentes no propósito de sua velocidade; muitas vezes, traz no bojo de sua premência uma decisão que longas argumentações não saberiam arbitrar. Embora o rosto enlutado da descendência proíba as gentilezas sorridentes do namoro, a requisição sagrada que de bom grado o amor iria provar, no entanto, uma vez que os argumentos do amor se fizeram ouvir primeiro, não vamos deixar que uma nuvem de tristeza o desvie de seu propósito, uma vez que lamentar a perda de amigos nem se compara com o caráter saudável de alegrar-se com a descoberta de novos amigos.

Princesa – Não estou entendendo; e, com isso, meu pesar duplicou.

Berowne – As palavras simples e honestas são as que melhor falam ao ouvido da dor, e o Rei pode ser compreendido pelos seguintes signos: por vocês, belas, ignoramos o prazo e quebramos nosso juramento. A sua formosura, caras damas, veio nos deformar, conduzindo nossa disposição até mesmo para o lado oposto de nossas intenções. E aquilo que nos parecia ridículo – na medida que o amor é cheio de impulsos inconvenientes –, nós quatro, alegres como crianças, saltitantes e fúteis, construímos com o olhar e, portanto, como o próprio olho, era cheio de estranhas formas, feições e figuras, variegadas em várias criaturas à medida que o olho vagueia pelos variados objetos que vê no seu olhar. Se a nossa presença, em trajes multicoloridos, empalhaçados, amorosamente relaxados, a seus olhos celestiais não mais condizia com nossos juramentos e nossa dignidade, foram esses mesmos olhos celestiais testemunhas de nossos erros que nos incitaram a cometê-los. Assim é que, caras damas, o nosso amor sendo seu, os erros que o amor comete são igualmente seus. Nós com nós mesmos fomos falsos porque fomos falsos uma única vez – para sermos eternamente fiéis a quem nos faz ser ao mesmo tempo falsos e fiéis: vocês, lindas senhoritas. E assim é que a falsidade, em si mesma um pecado, purifica-se, transformando-se em virtude.

Princesa – Nós recebemos as suas cartas de amor e seus presentes, embaixadores em missão de amor. Em nosso conselho de mulheres castas e casadouras, nós concluímos que, como galanteios, eram brincadeiras agradáveis, simples delicadezas, tão bombásticas quanto um passatempo. Não nos permitimos maiores reverências e, assim, respondemos a suas declarações enamoradas do mesmo modo, como um divertimento.

Dumaine – Nossas cartas, madame, expressavam muito mais que piadas.

Longaville – Nossos olhares também.

Rosaline – Nós não os vimos assim.

Rei – Agora, neste último minuto de que dispomos, digam que o nosso amor é correspondido.

Princesa – A mim me parece que é tempo muito escasso para se negociar um mundo infinito de afeto. Não, milorde, Sua Graça já está por demais perjuro, cheio de ternas e tristes culpas e, portanto, o seguinte: se pelo meu amor – na medida em que essa causa não existe – você está disposto a tudo, este tanto por mim você fará: não vou confiar em um juramento seu, mas faça um retiro, vá logo para um lugar ermo, deserto, desolado, despovoado, distante de todos os prazeres do mundo. Fique lá até que os doze signos do céu tenham completado sua revolução astral. Se essa vida austera e isolada não conseguir mudar a sua proposta declarada no calor da ocasião; se nem mesmo o jejum, as geadas, o alojamento ruim e o agasalho pouco conseguirem podar a exagerada floração de seu amor; se esse amor suportar e sobreviver a esse teste, então, ao término de um ano, venha me reivindicar, reivindique-me de acordo com o seu merecimento,

[Toma-lhe a mão.]

e, pela palma virgem de minha mão que agora beija a tua, eu serei tua. Até lá, estarei pesarosa, cativa em uma casa enlutada, fazendo chover as lágrimas da lamentação com a lembrança da morte de meu pai. Se isto tu me negares, que se divorciem nossas mãos, pois uma não tem direito sobre o coração da outra.

Rei – Se a isso (ou mesmo mais que isso) eu me negar, para mimar com o descanso os meus movimentos, que a mão súbita da morte venha me fechar os olhos! Então, eis-me eremita! Meu coração já bate dentro do teu peito.

[Afastam-se.]

Dumaine *[dirigindo-se a Katherine]* – E quanto a mim, amor? Quanto a mim? Serás minha esposa?

Katherine – Uma barba bonita, saúde perfeita e, acima de tudo, ser honesto. Com afeição tripla, desejo a você todos os três.

Dumaine – Então já posso dizer "Obrigado, gentil esposa"!

Katherine – Isso não, milorde. Por um ano e um dia não prestarei atenção nas palavras que me disserem os meus apaixonados de cara lisa. Apareça quando vier o seu Rei procurar a minha Princesa. Só então, se eu tiver muito amor para dar, poderei lhe dar algum.

Dumaine – Serei teu criado mais leal até esse dia, fielmente.

Katherine – Não prometa nada, para não incorrer em perjúrio de novo.

[Afastam-se.]

Longaville *[dirigindo-se a Maria]* – E Maria, o que tem a dizer?

Maria – Ao fim dos doze meses, troco o vestido preto por um amante fiel.

Longaville – Vou esperar com paciência, mas é um tempo muito comprido.

Maria – Igual você; os mais altos quase sempre são homens velhos.

[Afastam-se.]

Berowne *[dirigindo-se a Rosaline]* – Em grandes contemplações, minha senhorita? Por favor, olhe para mim. Contemple a janela do meu coração, meus olhos, e o pedido modesto que ali espera por uma resposta sua. Diga que serviço devo prestar para merecer o seu amor.

Rosaline – Muitas vezes ouvi falar de si, Lorde Berowne, antes de conhecê-lo. E os linguarudos deste mundo proclamam-no um homem transbordante de ironia, cheio de observações sardônicas e piadas contundentes com as quais o senhor extermina todos que se encontrem à mercê de seu sarcasmo. Para arrancar esse inço amargo de sua mente fértil, e, portanto, para me conquistar, peço-lhe a gentileza, sem a qual o senhor não me terá, de, por doze meses, todos os dias, visitar aqueles doentes tão doentes que nem mais falam, e que converse sempre com esses coitados que só fazem gemer; sua tarefa será, com todo o feroz empenho de sua esperteza, forçar um sorriso nesses pobres desamparados em sua dor.

Berowne – Despertar a risada na garganta da morte? Impossível, não pode ser feito. A alegria não sacode uma alma agonizante.

Rosaline – Ora, essa é a maneira de amordaçar um espírito mordaz, cuja força vem de uma certa condescendência com que os ouvintes de risadinha frouxa e fácil escutam os bobos. O sucesso das piadas está no ouvido de quem as escuta, e nunca na boca de quem as conta. Então, se ouvidos enfermos, ensurdecidos pelos clamores de seus próprios gemidos medonhos, escutarem as suas zombarias fúteis, continue assim, e você será meu, e será meu também esse seu defeito.

Mas, se eles não lhe derem ouvidos, jogue fora esse seu espírito cáustico, e eu o encontrarei esvaziado desse defeito, e ficarei feliz com sua transformação.

Berowne – Doze meses? Bem, aconteça o que acontecer, estarei fazendo piadas por um ano em um hospital.

Princesa *[dirigindo-se ao Rei]* – Isso, meu querido senhor, e aqui vou me despedindo.

Rei – Não, madame, nós vamos acompanhá-las um pedaço do caminho.

Berowne – Cortejamos as damas, mas não temos o mesmo final de uma antiga peça de teatro. O rapaz não fica com a garota. A civilidade dessas mulheres transformou nossa diversão em uma comédia.

Rei – Ora, vamos, sir, só faltam doze meses e um dia. Depois, tudo termina.

Berowne – Isso é tempo demais para uma peça de teatro.

Entra o Garganta (Armado).

Armado – Meu mui amado Rei, concedei-me…

Princesa – Esse aí não era o Heitor?

Dumaine – O ilustre cavaleiro de Tróia.

Armado – Beijo o real anel de Vossa Majestade, e depois me retiro. Eu fiz um juramento: jurei a Jaqueneta pegar no arado e trabalhar a terra por três anos em troca de seu doce amor. Mas, estimadíssima Alteza, quereis escutar o diálogo que os dois eruditos compilaram em homenagem à coruja e ao cuco? Devia ter entrado logo após o término de nosso espetáculo.

Rei – Chame-os até aqui, rápido. Vamos escutar, sim.

Armado – Alô! Aproximem-se.

Entram todos.

Deste lado temos *Hiems*, o Inverno; deste outro lado temos *Ver*, a Primavera. Estão aqui representados pela coruja e pelo cuco, respectivamente. *Ver*, pode começar.

A canção

Primavera –

Quando violetas, margaridas mosqueadas
E belas cardaminas brancas, prateadas,
E a flor-de-cuco, de tom amarelado,
Pintam com regalo o nosso vasto prado,
Os cucos nas árvores cantam em coro,
Zombando dos homens: "Cuco! Cuco! Corno!"
Dos casados, este é um termo temido
E sempre vai soar mal em seus ouvidos.

Quando tocam flautas de palha os pastores,
E as cotovias dão a hora aos lavradores,
Quando tartarugas se põem a andar,
E donzelas põem aventais a quarar,
Os cucos nas árvores cantam em coro,
Zombando dos homens: "Cuco! Cuco! Corno!".
Dos casados, este é um termo temido;
E sempre vai soar mal em seus ouvidos.

Inverno –

Quando o sincelo nos telhados se forma,
E o pastor, com muito frio, as mãos assopra,
E o rapaz sai, busca a lenha de braçada,
E a nata do leite já vem congelada,

Quando sentimos que se enregela o sangue,
E sujas estão ruas e água no tanque,
De noite a coruja chirreia e crocita,
E Joana mexe o caldo na marmita.

Quando o vento sopra forte nos desvãos,
Tosse atrapalha o vigário no sermão,
E os pardais empoleiram-se na neve, sós,
E o nariz dela está vermelho – que dó!
Quando estalam siris assados no prato
E quando faltam migalhas para os ratos,
De noite a coruja chirreia e crocita,
E Joana mexe o caldo na marmita.

ARMADO – São duras as palavras de Mercúrio[33] depois das canções de Apolo.[34] Vocês aí desse lado, e nós, aqui deste.

[Saem todos.]

FIM

[33] O mensageiro dos deuses. (N. da T.)

[34] O deus da luz, da razão e da arte. (N. T.)